Julia Sparmann

Körperorientierte Ansätze für die Sexuelle Bildung junger Frauen

Die Reihe »Angewandte Sexualwissenschaft« sucht den Dialog: Sie ist interdisziplinär angelegt und zielt insbesondere auf die Verbindung von Theorie und Praxis. Vertreter_innen aus wissenschaftlichen Institutionen und aus Praxisprojekten wie Beratungsstellen und Selbstorganisationen kommen auf Augenhöhe miteinander ins Gespräch. Auf diese Weise sollen die bisher oft langwierigen Transferprozesse verringert werden, durch die praktische Erfahrungen erst spät in wissenschaftlichen Institutionen Eingang finden. Gleichzeitig kann die Wissenschaft so zur Fundierung und Kontextualisierung neuer Konzepte beitragen.

Der Reihe liegt ein positives Verständnis von Sexualität zugrunde. Der Fokus liegt auf der Frage, wie ein selbstbestimmter und wertschätzender Umgang mit Geschlecht und Sexualität in der Gesellschaft gefördert werden kann. Sexualität wird dabei in ihrer Eingebundenheit in gesellschaftliche Zusammenhänge betrachtet: In der modernen bürgerlichen Gesellschaft ist sie ein Lebensbereich, in dem sich Geschlechter-, Klassen- und rassistische Verhältnisse sowie weltanschauliche Vorgaben – oft konflikthaft – verschränken. Zugleich erfolgen hier Aushandlungen über die offene und Vielfalt akzeptierende Fortentwicklung der Gesellschaft.

Band 3
Angewandte Sexualwissenschaft
Herausgegeben von Ulrike Busch, Harald Stumpe,
Heinz-Jürgen Voß und Konrad Weller,
Institut für Angewandte Sexualwissenschaft
an der Hochschule Merseburg

Julia Sparmann

Körperorientierte Ansätze für die Sexuelle Bildung junger Frauen

Eine interdisziplinäre Einführung

Psychosozial-Verlag

Bibliografische Information der Deutschen Nationalbibliothek
Die Deutsche Nationalbibliothek verzeichnet diese Publikation
in der Deutschen Nationalbibliografie;
detaillierte bibliografische Daten sind im Internet
über http://dnb.d-nb.de abrufbar.

Originalausgabe

E-Mail: info@psychosozial-verlag.de
www.psychosozial-verlag.de

Lektorat: Salih Alexander Wolter
Umschlagabbildung: Egon Schiele, »Kniender weiblicher Halbakt«, 1917
Umschlaggestaltung nach Entwürfen von Hanspeter Ludwig, Wetzlar
Innenlayout: Hanspeter Ludwig, Wetzlar
www.imaginary-world.de

ISBN 978-3-8379-2519-7

Inhalt

Danksagung 7

Vorwort 9

Körperorientierung in der Sexuellen Bildung 11

Verortung des Begriffs *Sexuelle Bildung* 11

Zielgruppenbeschreibung 13

Körperorientierte Methoden 20

Bestandsaufnahme: Angebote für Frauen zum Thema Sexualität 25

Quellen zur Methodenerschließung 28

Körper(psycho)therapien 31

Hintergründe 31

Therapeutische Inhalte und Strukturen 33

Theoretische Basis für körperorientierte Anleihen 36

Praktische Methoden für die Sexuelle Bildung 39

Fazit des Kapitels 42

Sexocorporel 45
Hintergründe 45
Therapeutische Inhalte und Strukturen 47
Theoretische Basis für körperorientierte Anleihen 49
Praktische Methoden für die Sexuelle Bildung 55
Fazit des Kapitels 58

Tantra 61
Hintergründe 61
Strukturen: Tantra als Lehre 68
Theoretische Basis für die körperorientierten Anleihen 73
Praktische Methoden für die Sexuelle Bildung 78
Fazit des Kapitels 85

Diskussion der Ergebnisse 87
Synthese: Körperpsychotherapien, Sexocorporel und Neo-Tantra 87
Möglichkeiten und Grenzen des Transfers 93

Fazit 103

Literatur 107

Abbildungsnachweis 113

Danksagung

Viele Menschen waren mir Inspiration, Informationsquelle und Hilfe für dieses Buch. Ohne sie wäre die Realisierung nicht möglich gewesen.

Vor allem profitiert es vom direkten Praxiseinblick in den sexualtherapeutischen Ansatz Sexocorporel und in die neo-tantrische Arbeit mit Frauen. So gilt an dieser Stelle mein besonderer Dank meinen Interviewpartnerinnen Elke Lieback, Sexualtherapeutin nach Sexocorporel, und Regina Heckert, Leiterin des BeFree-Tantra-Instituts, für ihre Offenheit und Unterstützung.

Vorwort

Der Körper ist zeit unseres Lebens die direkte Voraussetzung und sinnliche Erfahrungsebene für sexuelles Erleben, Lernen und Handeln (Sielert, 2005). In den Angeboten der Sexuellen Bildung wird der Körper dennoch vorwiegend kognitiv und emotional reflexiv verhandelt und die sinnlich-konkrete Erfahrungsebene hält nur langsam Einzug.

Das vorliegende Buch schafft eine konzeptionelle und methodische Grundlage für körperorientierte Entwicklungs- und Erfahrungsräume in der Sexuellen Bildung. Basierend auf der Annahme lebenslanger sexueller Entwicklungsprozesse werden körperorientierte Konzepte für die Erwachsenenbildung erarbeitet, die über sinnlich-konkrete Selbsterfahrungen eine Bereicherung und Erweiterung des persönlichen Gestaltungsspektrums im Sinne sexueller Selbstverwirklichung darstellen können. Dabei fokussiert das Buch insbesondere auf die Zielgruppe der jungen erwachsenen Frauen, also Frauen zwischen 18 und 35 Jahren.

Kern der Arbeit bildet die Erschließung von brauchbaren Quellen aus körperbezogenen Therapieansätzen und Tantra, um die Methoden der Sexuellen Bildung zu erweitern. Die Quellen werden in ihrem besonderen Gehalt ergründet und auf ihre Übertragbarkeit in den Bereich der Sexuellen Bildung geprüft.

Körperorientierung in der Sexuellen Bildung

Verortung des Begriffs *Sexuelle Bildung*

Die Sexuelle Bildung ist innerhalb des sexualpädagogischen Diskurses ein neuer Begriff, der sich seit dem Jahr 2000 sukzessive etabliert. Er gilt als neues sexualpädagogisches Paradigma und dient als Leitbild für innovative Entwicklungen und Möglichkeiten in der Sexualpädagogik (Sielert & Schmidt, 2012a). Nach der Etablierung der Sexualerziehung und den postmodernen Veränderungen der gesellschaftlichen Rahmenbedingungen in Deutschland, die durch die Maxime von sexueller Selbstbestimmung und Selbstgestaltung bestimmt sind, werden über den Begriff der Sexuellen Bildung neue Visionen für Bildungsformate und Inhalte formuliert (vgl. Valtl, 2012, S. 126f.). Um die Erweiterungen einordnen und für die vorliegende Publikation nutzbar zu machen, ist hier eine konkrete historische Einbettung hilfreich: Vor dem Hintergrund gesellschaftlicher Wandlungen der 1960er/1970er Jahre und damit einhergehender politisch-rechtlicher Veränderungen hat sich die Sexualerziehung weitestgehend von der seit dem 17. Jahrhundert vorherrschend normativen »christlich-konservativen« bzw. »repressiven« und damit körper- und sexualfeindlichen Grundstruktur emanzipiert (vgl. Sielert, 2012, S. 42). Seither hat sie verschiedene Phasen durchlaufen: Während sie in den 1960er und 1970er Jahren als *Sexualaufklärung* der Jugend verstanden wurde und vordergründig als kognitive Wissensvermittlung fungierte, erweiterte sie sich in den 1980er und 1990er Jahren zur *Sexualpädagogik*. Darin werden etwa dem grundlegenden Wandel der Geschlechterverhältnisse, der zunehmenden Anerkennung von vielfältigen sexuellen Lebensformen und dem Aufkommen von HIV/AIDS durch die Vermittlung von sowohl kognitiven als auch sozialen und emotionalen Kompetenzen Rechnung getragen. Diese werden als grundlegende Kompetenzen für die sexuelle Selbstbestimmung formuliert (vgl. Valtl, 2012, S. 126). Sowohl die Sexualaufklärung als auch die Sexualpädagogik richten dabei den Fokus auf die Zielgruppe der Heranwachsenden. Heute kann die Sexualpädagogik, wie sie nach wie vor an Schulen etabliert ist und praktiziert wird, positive Erfolge verzeichnen. Vor allem die präventiven Aspekte haben nach aktuellen Studien über sexualpädagogische Angebote zu signifikanten Veränderungen im historischen Vergleich geführt (vgl. Neubauer, 2012, S. 369ff.).

Auf dieser Basis entwickelt sich der Begriff der *Sexuellen Bildung*. Sie kann in erster Linie als eine Erweiterung von Sexualaufklärung und Sexualpädagogik verstanden werden. Sie basiert auf den etablierten Qualitäten des kognitiven Wissenstransfers der Sexualaufklärung und der Kompetenzvermittlung der Sexualpädagogik. Sie öffnet sich aber konzeptionell einem ganzheitlichen Spektrum von Sexualität und integriert alle Lebensalter. Im geschichtlichen Vergleich zeichnet sich die Sexuelle Bildung in ihrer visionären Konzeption durch eine entschiedenere Hinwendung zu den individuellen Ressourcen und Entfaltungsaspekten der sexuellen Identität und Lustgestaltung aus. Der Bildungsbegriff setzt sich insofern bewusst von der Pädagogik ab, als er den Akzent auf ein selbstbestimmtes eigenaktives Lernen setzt und sich von defizitären Sichtweisen und erzieherischen Anliegen abgrenzt. Ferner werden darin die Erkenntnisse über lebenslange sexuelle Lernprozesse integriert und entsprechende Lernräume eröffnet. Die Sexuelle Bildung greift den heute vielfach diffus und phrasenhaft genutzten Begriff der *Ganzheitlichkeit* auf und konkretisiert sexuelle Lernebenen, die Körper, Seele und Geist gleichermaßen berücksichtigen. Daher werden Lernumgebungen intendiert, die über die Grundkompetenzen hinaus der Vieldimensionalität der individuellen sexuellen Kompetenzen gerecht werden. Ziel ist es »differenzierte«, »praktische« und »lebensnahe« Anreicherungen zu ermöglichen (vgl. Valtl, 2012, S. 128ff.; Sielert, 2012, S. 41).

Sexualaufklärung	Sexualpädagogik	Sexuelle Bildung
Erziehung	Erziehung	Bildung
Präventiv	Präventiv	Präventiv und Selbstformung
Kinder und Jugendliche	Kinder und Jugendliche	Alle Lebensalter
Kompetenzebenen • Kognitive Ebene	Kompetenzebenen • Kognitive Ebene • Emotionale Ebene • Haltungsebene	Kompetenzebenen • Kognitive Ebene • Emotionale Ebene • Haltungsebene • Energetische Ebene • Praktische Ebene • Tiefere körperliche Ebene

Tab. 1: Vergleichende Darstellung der Phasen in der Sexualerziehung (vgl. Valtl, 2012, S. 125–136)

Obgleich sich das neue Paradigma der Sexuellen Bildung im Diskurs der Fachwelt etabliert hat, gibt es gerade für den Bereich der Erwachsenenbildung bisher kaum Ansätze, die neue Lernfelder realisiert bzw. neues Arbeitsmaterial aufbereitet haben. Allein der Bereich der Sexuellen Bildung für erwachsene behinderte Menschen gewinnt in der Fachwelt bereits mehr Präsenz (siehe z.B. Bosch, 2004). Daher ergibt sich die methodische Erschließung für den Erwachsenensektor als notwendiger Schritt: Die vorliegende Arbeit setzt hier an und leistet über die Aufbereitung methodischer Quellen einen konkreten Beitrag zur Erweiterung sexueller Bildungsfelder. Dabei ist die Zielsetzung, anhand von körperorientierten Methoden sinnlich-konkrete Lernanregungen zu schaffen.

Zielgruppenbeschreibung

In der Wahl der geschlechtsspezifischen Zielgruppe schließt sich die vorliegende Konzeption der feministisch inspirierten Sexualpädagogik an, die bewusst Identifikations- und Schutzräume betont. Obwohl sich die Geschlechtertrennung gerade in jüngeren Diskursen auch der Kritik der Reproduktion von Geschlechtsnormierungen unterziehen muss (vgl. Tuider et al., 2012, S. 19), sieht die Autorin im Zusammenhang mit körperorientierten Methoden, die den weiblichen Körper in seinen vielfältigen Erscheinungsformen und Erlebensweisen in den Mittelpunkt stellen, geschlechtshomogene Räume als reichhaltige Ressource und geschütztes Experimentierfeld an.

Biografische Faktoren

Im Mittelpunkt dieses Buches stehen Frauen zwischen 18 und 35 Jahren. Diese Alterseingrenzung orientiert sich zum einen an der Volljährigkeit und zum anderen an den Entwicklungsphasen, die in der Biografiearbeit bezogen auf die Phaseneinteilung nach Lebensjahrsiebten üblich sind (21–28 Jahre; 28–35 Jahre; vgl. Lievegoed, 1991, S. 42ff.). Die Alterseinteilung ist nicht als starre Begrenzung zu sehen. Für die thematische Fokussierung ist es dennoch hilfreich, grobe Phasenbezüge herzustellen, Lebenszusammenhänge dieser Altersgruppe zu skizzieren und die Komplexität von *Körperbiografien* ins Bewusstsein zu holen.

Das junge Erwachsenenalter kann bezogen auf das leibliche und sexuelle Erleben als eine Lebenszeit charakterisiert werden, in der wesentliche Entscheidungen über den Umgang mit dem eigenen Körper und die sexuelle, partnerschaftliche und reproduktive Lebensgestaltung eigenverantwortlich getroffen werden. Diese stehen in der Regel in einem engen Bezug zueinander. Sie können als eine umfangreiche kreative Leistung zur Herausbildung eines individuellen sexuellen Lebensstils angesehen werden. Die Art, wie Partnerschaften er- und gelebt werden, der individuelle Umgang mit Kontrazeptiva, die Entscheidung, wie, wann und mit wem eine Familie gegründet wird, und die Auswirkungen möglicher Schwangerschaftsabbrüche, Schwangerschaften und Geburten auf das eigene Körperempfinden – all das fließt in eine komplexe und wenig generalisierbare Lebenserfahrung ein. Aufgrund der aktuellen Tendenz zu Fluktuationen und Flexibilisierungen innerhalb von Partnerschaften kann davon ausgegangen werden, dass die heutige Körperbiografie von jungen Frauen auf unterschiedliche Erfahrungen von

Sexualität und verschiedene partnerschaftlich geprägte Weisen des Umgangs mit dem Körper zurückgreifen kann (vgl. Schmidt, 2005, S. 29f.). Als besonders einschneidend für das weibliche Körperempfinden gelten die Veränderungen und Erfahrungen, die mit der Mutterschaft einhergehen. Das bisher gewachsene Körperbild und Körpererleben verändert sich zunächst in Gestalt und Funktion mit Schwangerschaft, Geburt und Stillzeit, muss jedoch auch durch bleibende körperliche Veränderungen langfristig aktualisiert werden (vgl. BzgA, 2010). Die beschriebenen Wandlungsprozesse können dabei auf sehr unterschiedliche Weise erlebt werden.

Die Sexuelle Bildung muss diese komplexe individuelle Lebenserfahrung und selbstbestimmte Lebensgestaltung in der Konzipierung von Lern-, Erfahrungs- und Reflexionsräumen anerkennen (vgl. Valtl, 2006, S. 11). Anders als das sexuelle Lernen im Kindes- und Jugendalter baut es im jungen Erwachsenenalter stärker auf eigene Erfahrung und den damit verbundenen Einstellungen und Handlungsskripten auf. Sie stellen die Basis für individuelle Weiterentwicklungen dar (vgl. Sielert & Schmidt, 2012a, S. 12). Da individuelle Lebensgestaltung immer im soziokulturellen Kontext zu lesen ist, können neben individuellen Körperbiografien auch einige kollektive Tendenzen aufgezeigt werden, die für die Körperrezeption der aktuellen Generation junger Frauen bedeutsam sind.

Soziokulturelle Faktoren

Um die vordergründigen Einflüsse auf weibliches Körper- und Sexualerleben zu verstehen und die im weiteren Verlauf des Buches vorgestellten körperorientierten Verfahren verständlicher zu machen, wird hier die theoretisch-philosophische Unterscheidung zwischen »*Körper-Haben*« und »*Leib-Sein*« genutzt (Stockmeyer, 2004, S. 12). Sie geht auf das philosophische Leib-Seele-Problem zurück, das im Laufe der Geschichte zu unterschiedlichen Körperkonzepten geführt hat.

In der deutschen Sprache wird, anders als in den meisten Sprachen, zwischen den Begriffen *Körper* und *Leib* unterschieden, wobei der Körper die Materie, das biologische Material, die sichtbare Gestalt meint, wohingegen der Leib den beseelten Körper, die »Innenseite des Körper-Habens«, beschreibt (vgl. ebd.). Während die Wahrnehmung des Körpers (Körper-Haben) den Körper in objektivierter Weise erfasst und misst, entspricht die Wahrnehmung des Leibes (Leib-Sein) einem subjektiven Gespür, das seelisch-geistige Erfahrungskomponenten integriert (vgl. Rappe, 2005, S. 14).

Diese Unterteilung bildet die Basis für die Körperkonzepte, auf die sich die Autorin im Folgenden bezieht: das *dualistische* und das *non-dualistische/ganzheitliche* Körperkonzept. Der *Dualismus* ist seit Platon in der abendländischen Denktradition vorherrschend. Durch die mechanisch-funktionale, materialistische Betrachtung des Körpers wurde der Dualismus mit Descartes im 17. Jahrhundert zur Voraussetzung für die sogenannte »objektive« Empirie okzidentaler Wissenschaftskultur (Sigusch, 2013, S. 138). Der *Non-Dualismus*, in dem Körper, Seele und Geist als geschlossene Erfahrungseinheit angesehen werden, kommt im Gegensatz zu östlichen Philosophietraditionen in Europa seltener vor, obgleich ihn Philosophen wie Descartes' Zeitgenosse Spinoza und, im 20. Jahrhundert, Merleau-Ponty und Deleuze aufgegriffen und damit auch Gegenimpulse innerhalb der westlichen Tradition gesetzt haben.

Wenn auch die Aspekte Körper und Leib als eng verwoben zu betrachten sind, stellt sich der Leib-Aspekt gerade für körperliche und sexuelle Aneignungsprozesse als sehr wichtig dar.

Körperwahrnehmungen und das Körpererleben werden als wesentliches Elemente geschlechtsbezogener Identitäten angesehen. Sie prägen das Selbstbild und schaffen die Basis für ein im Körper verankertes Selbstbewusstsein, so Karin Flaake (vgl. Flaake, 2004, S. 47). Gerade Mädchen und Frauen zeigen, laut Ulrike Helmer, die Tendenz auf, ein zerbrechliches Körperselbst zu besitzen. Ihre Fähigkeit, körperliche Signale wahrzunehmen, sei wenig ausgebildet oder verloren. Die »Akzeptabilität ihres Körpers« stehe ständig zur Disposition (vgl. Helmer, 2012, S. 73). Doch das »Sich-im-Körper-Wohlfühlen« muss als entscheidende Voraussetzung für das Erleben einer befriedigenden Sexualität betrachtet werden, so Beate Martin (vgl. Martin, 2012, S. 675).

Festzustellen ist, dass die moderne Gesellschaft seit der Sexuellen Revolution und den politisch-rechtlichen Errungenschaften der Frauenbewegung der sexuellen Selbstbestimmung den Weg geebnet hat und damit der weibliche Körper als »entpathologisiert« und »resexualisiert« gilt (Sigusch, 2013, S. 146). Trotz der »sexuellen Liberalisierung« in der Gesellschaft hebt Claudia Haarmann hervor, ergebe sich »sexuelle Erfüllung« jedoch erst durch die subjektive Aneignung des Körpers und der sexuellen Lust. Diese Aneignung findet allerdings kaum statt, vielmehr zeichnet sich eine mediale und kommerzielle Präsenz weiblicher sexualisierter Körper als Begleiterscheinung der Sexuellen Revolution ab (vgl. ebd., S. 555; Helmer, 2012, S. 15; Haarmann, 2011, S. 12ff.), die zu einer Überbetonung des Körper-Haben-Aspekts führt. So haben sich in der modernen Gesellschaft Körperideale entwickelt, die vor allem die *Attraktivität* und *Funktionalität* (im Sinne von Leistungsfähigkeit) weiblicher Körper und sexuellen Erlebens betonen (vgl. Hinz et al., 2006, S. 9). Diese Tendenz führt zur Ausprägung eines *internalisierten wertenden Fremd- und Außenblicks*, der das Körpererleben junger Frauen maßgeblich bestimmt (vgl. Helmer, 2012, S. 17; Luca, 1998, S. 94).

Welchen konkreten Einfluss können Medien und Kommerz auf die Körperrezeption junger Frauen haben? Helmer zeichnet gesellschaftskritisch ein aktuell vorherrschendes Körperkonzept nach, in dem der individuell gegebene Körper im Sog der Selbstgestaltungsmaschinerie das Recht zu verlieren scheint, so akzeptiert zu werden, wie er ist. Sie verweist dabei auf die Entleiblichung, die mit den Abhängigkeiten von medial gesetzten Schönheitsidealen, Körpermoden und der Textilindustrie vor sich gehe. Der Körper fungiere als »Tragfläche« eines schnelllebigen Marktgeschehens, das die weitverbreitete Illusion internalisiere, den Körper gleich einer Hülle selbst entwerfen und stetig umgestalten zu können (vgl. Helmer, 2012, S. 15ff.). »Die neuen Körper sind grenzenlos aufhübsch- und umstylebar, massier- und trainierbar, bleach- und bräunbar, zu- und abnehmbar«, so karikiert Helmer die Auswirkungen auf Körperidentitäten (ebd., S. 15). Gerade junge Frauen verfügen zwar laut Renate Luca über ein hohes Körperbewusstsein, dieses äußere sich jedoch nicht unbedingt in einem körperlichen Wohlbefinden. Die Aufmerksamkeit, die junge Frauen auf ihren Körper richten, sei vor allem optisch wertend und führe dadurch nicht zur Akzeptanz, sondern vielmehr zu einer kritischen Vermessung und Kontrolle bis hin zur Abwertung des eigenen Körpers (vgl. Luca, 1998, S. 91f). Im Vergleich von Jugendstudien (vgl. Bravo-Dr-Sommer-Studie, 2009; Hölling & Schlack, 2007) und Studien des jungen Erwachsenalters wird deutlich, dass sich körperkritische Einstellungen nicht nur in der Phase der Pubertät abzeichnen, sondern ebenso das junge Erwachsenenalter prägen. Auch unter jungen erwachsenen Frauen ist laut den Ergebnissen zweier Studien des Magazins *Neon* (2008 und 2014) körperliche Unzufriedenheit weit verbreitet. Sie zeigt sich vor allem im ausgeprägten Wunsch, schlanker zu sein, und dem selbstkritischen Erleben sogenannter »Problemzonen« (vgl. Neon, 2008). Junge Frauen bringen den Vergleichsdruck, den sie bezüglich ihres Körpers erleben, dabei direkt mit medialen Idealisierungen in Verbindung (vgl. Kluge & Sonnenmoser, 2001, interpretiert nach Schemer, 2006, S. 13).

Die Wahrnehmung und Bewertung des eigenen Körpers gilt als wesentliche Grundlage für die *sexuelle Selbstsicherheit*. Dabei spielt zum einen das Gesamtkörperbild eine wesentliche Rolle. Darüber hinaus ist es jedoch laut Sexolog_innen vor allem das Selbstbild der äußeren Geschlechtsmerkmale, an dem sich Zufriedenheit und Selbstsicherheit im sexuellen Handeln misst (vgl. Bischof-Campbell, 2012, S. 29ff.).

Die Bewertung der eigenen Brüste beeinträchtigt laut Studien die individuelle Attraktivitätswahrnehmung erheblich. Viele Frauen sind mit ihren Brüsten unzufrieden (vgl. Neon, 2008, 2014). Mit der aufgekommenen medialen Sichtbarkeit der Vulva und der Verbreitung von Intimrasuren innerhalb der Jugendkultur seit den 1990er Jahren finden sich auch ästhetische Normierungen im Genitalbereich und führen dort zu einem »Gestaltungsimperativ«. Diese Tendenzen können sowohl positive als auch negative Einflüsse auf das weibliche Körperempfinden haben. Intimrasuren bewirken einerseits, dass junge Frauen insgesamt mehr Aufmerksamkeit auf das eigene Genital richten und es damit differenzierter kennenlernen können, so Borkenhagen und Brähler. Die Vulva wird dadurch nun ebenso zum Ort von Selbstinszenierung und kann, positiv betrachtet, stärker von den (jungen) Frauen angeeignet und mit Selbstbewusstsein besetzt werden. Andererseits können Normierungen auch hier zu internalisierten Leitbildern werden. Das Aufkommen der Idee einer »Idealvulva«, die durch ein jugendliches bzw. vorpubertäres Aussehen charakterisiert wird, erschwert es, die Form, Größe und Behaarung der eigenen Vulva anzunehmen (vgl. Borkenhagen, 2011, S. 20f.; vgl. Borkenhagen & Brähler, 2010, S. 76).

Funktionale Körperidealisierungen bezüglich der weiblichen Sexualität lassen sich vor allem am Orgasmuserleben verdeutlichen. Nachdem die Sexualität der Frauen über Jahrhunderte weitgehend ignoriert wurde, kommt es seit der Sexuellen Revolution zur Überbetonung des Orgasmus und zu neuen Leistungsnormen. Der Orgasmus wird zur Messlatte gelungener weiblicher Sexualität und stellt sich dabei als »ein oft nur mühevoll erklimmbarer Gipfel, überhöht durch Versprechen der Superlative in Medien und Liebesratgebern, umgeben von einer Aura des Mysteriums« dar (Bischof, 2008, S. 3). Frauen identifizieren sich zunehmend mit ihrer orgastischen Fähigkeit, so Karoline Bischof. Sie fühlen sich schnell »unweiblich« oder ungenügend als Frau, wenn ihnen »das doch so Natürliche« nicht gelingt. Die zielgerichtete Absicht, den Orgasmus zu erreichen, wird den Frauen von heute jedoch oft zum Problem (vgl. ebd., S. 7). So verdeutlichen verschiedene Studienergebnisse aus dem europäischen Raum ein Prävalenz weiblicher »sexueller Funktionsstörungen« zwischen 22 und 49%, in Deutschland sind es ca. 38% (vgl. Korda, 2008, S. 78), die in der Regel mit einer Einschränkung der Orgasmusfähigkeit einhergehen.

Zusammenfassend erweist sich das gesellschaftliche Klima als sexualfreundlich oder gar sexualbetont, »aber nach wie vor bietet die Gesellschaft der sexuellen Entwicklung kaum Unterstützung – sie fordert den Orgasmus, verrät aber nicht das Wie« (Bischof, 2008, S. 15).

Die Ausführugen verdeutlichen, dass junge Frauen aufgrund der starken Präsenz medial verbreiteter Idealvorstellungen gesellschaftlich wenig in ihrem subjektiven leiblichen Erleben und der Wertschätzung ihrer Körperwirklichkeit unterstützt werden. Über die starke Ausprägung des internalisierten Fremd- und Außenblicks kann viel mehr von einer objektivierten, »entfremdeten« Selbstwahrnehmung ausgegangen werden, an der sich junge Frauen stetig zu messen scheinen. Anhand dieses Ungleichgewichts zeigt sich für die Sexuelle Bildung ein konkreter Bedarf, Anregungen für das leibliche Erleben zu entwickeln und damit körperliche Aneignungsprozesse von jungen Frauen lustbetont zu fördern. Durch die folgende Aufbereitung körperorientierter Herangehensweisen für die Sexuelle Bildung sollen Lern- und Erfahrungsfelder so gestaltet werden, dass sie den Leib-Sein-Aspekt bewusst akzentuieren. Mit diesem Fokus können sie junge Frauen ressourcenorientiert dabei unterstützen, individuelle Körperformen und Leib-Empfindungen anzuerkennen, wertzuschätzen und das sexuelle Selbstbewusstsein im Körper zu verankern.

Körperorientierte Methoden

Im Wandel der erziehungswissenschaftlichen und pädagogischen Perspektiven steht Bildung bereits seit den ersten Impulsen der Reformpädagogik zunehmend unter dem Anspruch der *Ganzheitlichkeit*. Bildungsangebote sollen zu Lernprozessen anregen, indem der Mensch handlungsorientiert, mit allen Sinnen, mit dem Verstand, dem Gemüt und auf körperlicher Ebene angesprochen wird (vgl. Skiera, 2010, S. 17). In der Sexuellen Bildung ist der ganzheitliche Ansatz im besonderen Maße nötig, da in der Sexualität wie in kaum einem anderen Bereich »die Dimensionen [des Leibes] als beseelter Körper, Gefühl und Gedanke so prekär zusammen[stoßen]«, so Uwe Sielert. Der Körper steht demzufolge vieldimensional im Mittelpunkt, denn »Sexualität ›bedient‹ sich des Körpers« (Sielert, 2005, S. 44).

Über die bereits erwähnten Errungenschaften und Entwicklungen der Sexualerziehung konnte sich ein lustbejahender und ganzheitlicher Ansatz innerhalb der sexualpädagogischen Konzepte etablieren. Welche theoretischen Grundlagen und Orientierungspunkte finden sich hierbei für den Bereich der Körperbildung?

Begriffserläuterung

Körperorientierte Methoden sind in der Sexualpädagogik nicht eindeutig definiert. Die Bezeichnung wird entsprechend dem individuellen Verständnis der Sexualpädagog_in sehr verschieden ausgelegt und reicht von der kognitiven Beschäftigung mit Körperthemen, über aktive Gruppenspiele bis hin zu sinnlich-konkretem Lernen. Um den Begriff für das vorliegende Anliegen zu schärfen, erweist sich der Zugang von Maria Gies und Carola Koppermann als sehr hilfreich. Über innovative kunstpädagogische Projekte entwickelten sie erste theoretische Grundlagen für die Körperarbeit in der Sexualpädagogik (Gies & Koppermann, 2004, S. 199ff.). Sie stellen körperorientiertes Vorgehen in der Sexualpädagogik in zwei Teilaspekten dar und bezeichnen es als das *Lernen vom Körper*. Der eine Aspekt kann als eine Grundhaltung verstanden werden, die unabhängig von der Methode einen besonders körperbewussten bzw. körpersensiblen Zugang beschreibt. Es handelt sich um eine bewusste Erweiterung der Wahrnehmung auf körperliche Reaktionen während einer methodischen Einheit, sodass zum Beispiel (Un-)Wohlsein, emotionale Bewegungen oder erotische Spannungen, die in der inhaltlichen Beschäftigung ausgelöst werden, im Körper bemerkbar werden. Unbewusste und unwillkürliche Prozesse auf der körperlichen Ebene werden somit gezielt als Selbsterfahrung ins Bewusstsein geholt und reflektiert. Der zweite Aspekt bezieht sich auf das sinnlich-konkrete Lernen über Methoden, die auf leiblicher Erfahrung aufbauen. Unter Bezugnahme auf die Sportpädagogik definieren Gies und Koppermann diese konkrete Körperarbeit als unmittelbare Erfahrung mit dem eigenen Körper, als Wahrnehmung des anderen Körpers und als Erfahrung des eigenen Körpers im Spiegel der anderen (vgl. Gies & Koppermann, 2004, S. 201). Der Körper wird hier zum Mittelpunkt der Lernerfahrung und ist nicht Mittel zum Zweck. Unter dieser Form der Körperarbeit können Massagen, Entspannungs- und Wahrnehmungsübungen, körperbezogene Selbsterfahrungsübungen und kreative Arbeitsweisen gefasst werden. Der Ansatz des *Lernens vom Körper* macht den Körper in seiner Vieldimensionalität spürbar. Er wird jenseits seiner Sinnesfunktionen als Träger von Erinnerungen und Erfahrungen, als Spiegel von Empfindungen, als Medium von Sexualität und als Vermittler von Innen- und Außenwelt erlebt. Durch diese Perspektiverweiterung können eigene (Körper-)Erfahrungen zur Quelle von individuellen Lernprozessen, Entdeckungen und Erkenntnissen werden (vgl. Gies & Koppermann, 2004, S. 206ff.). Der Ansatz fokussiert den Bezug zum leiblichen Erleben und wird daher in der vorliegenden Arbeit zur Schärfung des Begriffes Körperorientierung aufgegriffen.

Darüber hinaus lassen sich zur Vermittlung von ganzheitlichen Impulsen in der Sexuellen Bildung Einteilungen in sogenannte Kompetenzebenen finden. Sie ermöglichen eine genauere Beschreibung körperbezogener Fähigkeiten, die in Bildungsangeboten vermittelt werden sollen. Karlheinz Valtl arbeitet neben der *kognitiven Ebene*, in der Wissenstransfer, Reflexions- und Entscheidungsfähigkeit gelernt werden können, der *emotionalen Ebene*, in der Empathie, eigene Bedürfnisse und Gefühle entwickelt werden können, der *Haltungsebene*, in der sich der Sinn für Fairness, Partnerschaftlichkeit und Respekt ausbilden kann, drei weitere leibbezogene sexuelle Kompetenzebenen heraus. Dabei handelt es sich um die *energetische Ebene*, in der Kompetenzen zur Freisetzung, Stärkung und Erhaltung sexueller Energie erworben werden können, um die *praktische Ebene*, in der konkretes Know-how zu Sexualpraktiken und Hilfsmitteln gelernt werden kann, und schließlich um die *tiefere körperliche Ebene*, in der das eigene Körpergefühl, die Fähigkeit des Loslassens und Entspannens sowie die sinnliche Präsenz gestärkt werden können (vgl. Valtl, 2012, S. 136). Die Beschreibungen der letzten drei Kompetenzebenen können als richtungsweisende Kriterien für die körperorientierte Sexuelle Bildung und die Aufbereitung der leibbetonten Methoden aufgegriffen werden. Vereinfachend kann die Anregung der energetischen, praktischen und tieferen körperlichen Ebene im Rahmen der Bildungsarbeit als *Körperbildung* zusammengefasst werden (vgl. ebd.).

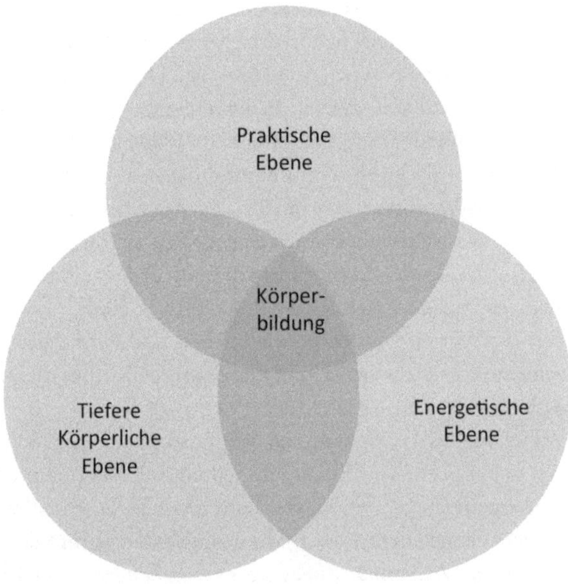

Abb. 1: Körperbildung

Aktueller Stand der Körperbildung in der Sexualerziehung

Da es in der Sexuellen Bildung für Erwachsene keine entsprechenden Konzepte und Methodenbücher jenseits von Sexualratgebern gibt (vgl. Tuider et al., 2012, S. 21), wird in der weiteren Betrachtung zur Orientierung auf etablierte Konzepte und Methodenmaterial für Heranwachsende zurückgegriffen. Die *Standards für Sexualaufklärung in Europa* (BzgA, 2011) bilden die aktuelle gemeinsame Basis für die Sexualerziehung und stellen unter Bezugnahme auf die sexuellen und reproduktiven Rechte einen emanzipatorischen Orientierungspunkt dar. Obwohl die Sexualaufklärung in den *Standards* als »ganzheitliches Konzept des sexuellen Wohlbefindens« in den Grundsätzen charakterisiert wird (vgl. ebd., S. 31), bleiben dennoch konkrete Bezüge zum Umgang mit Methoden, die Körpererfahrungen einbeziehen, wenig beleuchtet. Einerseits wird Ganzheitlichkeit als selbstverständlich formuliert, andererseits lassen sich keine genauen Hinweise für die Umsetzung finden. Daraus lässt sich schließen, dass eine grundlegende theoretische Basis fehlt, die Formen und Begrenzungen der körperlichen Dimension in der Sexualpädagogik konkret beschreibt (vgl. Gies & Koppermann, 2004, S. 200). Der Einsatz von Methoden in der Sexualpädagogik, die körperliches Erleben aktiv und sinnlich einbeziehen, wird in den verschiedenen sexualpädagogischen Methodenbüchern mitgedacht und angeregt. In der Regel begrenzen sich diese Hinweise allerdings auf die Gestaltung eines »Rahmenprogramms«. Oder es werden »körperorientierte Methoden« in ihrer »Hilfsfunktion« für die vor allem theoretisch und verbal geprägte Sexualpädagogik genutzt, so Gies (vgl. ebd., S. 199). Der Blick in aktuelle Methodenbücher wie *Sexualpädagogik der Vielfalt* (Tuider et al., 2012) und *Erste sexuelle Verunsicherung?!* (Düring, 2011) zeigt vielfältige Körperbezüge auf. Die Praxismethoden der *Sexualpädagogik der Vielfalt* erstrecken sich von Selbst- und Fremdwahrnehmungsübungen bis zu kreativ-praktischen Auseinandersetzungen mit dem Körper, Massagen und sinnlichen Übungen, die den Geruchs-, Geschmacks- und Hörsinn innerhalb sinnlich-sexueller Situationen thematisieren (vgl. Tuider et al., 2012, S. 166ff.). Auch das Methodenbuch *Erste allgemeine Verunsicherung?!* führt sinnlich-konkrete Methoden in Warm-ups und theaterpädagogischen Übungen auf. Das leibliche Erleben wird über Sinnesübungen, niederschwellige

Massagen, Körper-Fantasiereisen und Nähe-Distanz-Übungen einbezogen (vgl. Düring, 2011, S. 7, 105, 112, 114, 166ff.). Eine umfassende theoretische Grundlage zu den entsprechenden Methoden findet sich allerdings nicht. Die hier fokussierten Kompetenzebenen der Körperbildung (energetische, praktische und tiefere körperliche Kompetenzebene) werden in den vorgefundenen Methoden zwar tangiert, bleiben aber in den meisten Fällen randständig und undifferenziert. Dennoch können die Methoden der benannten Bücher in ihrem Aufbau und Vorgehen als Vorlage für die Konzeption körperorientierter Methoden für junge Frauen dienen und altersgemäß modifiziert werden.

Obwohl die neo-emanzipatorische Sexualpädagogik bereits seit 1997 dazu auffordert, die Sinnlichkeit als Teil lustbejahender Sexualpädagogik stärker zu integrieren, bleibt sie bislang rudimentär vertreten. Valtl begründet dies einerseits mit der allgemein vorherrschenden Bildungstradition, die hier seit über 200 Jahren von Rationalisierung und »Entsinnlichung« geprägt ist. Die Körper werden dazu erzogen, sich ruhig im Dienste der kognitiven Aufmerksamkeit und Leistung zu verhalten. Eigene Erfahrungen, die auf leiblichem Erleben beruhen, treten in der Bildung nach wie vor hinter standardisierte Lehrinhalte zurück. So fehlen traditionell gewachsene Voraussetzungen, die eine ganzheitliche, sinnliche Sexualpädagogik grundsätzlich befürworten und darüber hinaus auch Genusswerten im Bildungskontext positiv gegenüberstehen (vgl. Valtl, 1997, S. 10ff.). Andererseits kann die offensive Körperorientierung ohne klare Grundlage schnell grenzüberschreitend interpretiert bzw. auch missbraucht werden. Besonders die Integration von Körperkontakten im pädagogischen Kontext führt vor dem Hintergrund der seit 2010 öffentlich gewordenen Missbrauchsskandale zu weiterer Verunsicherung (vgl. Sielert & Schmidt, 2012b, S. 146). Obgleich in der Erwachsenenbildung eine andere Rechtslage vorliegt und damit die Etablierung von körperorientiertem Vorgehen erleichtert ist, sollten diese Aspekte mitgedacht werden. Trotz hoher Eigenverantwortung der volljährigen Frauen ist ein klares Nähe-Distanz-Bewusstsein in der Seminararbeit eine wesentliche Aufgabe der Leitung. Dieser Punkt wird an späterer Stelle ausführlich erörtert (Kapitel »Möglichkeiten und Grenzen«).

Resümierend zeigt sich in der Sexuellen Bildung ein wachsendes Interesse an körperorientierten Herangehensweisen. Um diese auszubauen, werden neben der Erweiterung des methodischen Materials theoretische Grundlagen und die Erarbeitung praktischer Rahmenbedingungen erforderlich.

Bestandsaufnahme: Angebote für Frauen zum Thema Sexualität

Obwohl die Öffnung der Sexuellen Bildung hin zu allen Lebensaltern bereits seit dem Jahr 2000 anvisiert ist, gibt es kaum sexuelle Bildungsangebote für Erwachsene. Allerdings existieren angrenzende Formate, die als Vorlage für körperorientierte Bildungsangebote für erwachsene Frauen herangezogen werden können?

Selbstuntersuchungsgruppen

Allem voran seien hier die Impulse der Frauenbewegung in den 1970er Jahren genannt, die innerhalb des stark politisch geprägten Aufbruchs der Frauen in der BRD Experimentierräume zum Wohle weiblicher Gesundheit und sexueller Bereicherung geschaffen hat. Angeregt von US-amerikanischen Frauen wurden Selbsterfahrungsgruppen ins Leben gerufen, in denen sich Frauen untereinander neue Perspektiven auf den eigenen Körper erschlossen haben. Über vaginale Selbstuntersuchungen begann ein intensiver offener Austausch unter Frauen, der als selbstinitiierte Sexuelle Bildung zur Aneignung des eigenen Körpers angesehen werden kann (vgl. Hühn & Ullrich, 2011, S. 1). Über die Gründung des Frauengesundheitszentrums (FFGZ) in Frankfurt am Main im Jahr 1978 institutionalisierten sich diese Impulse. »Die Frauen entwickelten selbstbestimmte Gesundheitsangebote im Zusammenhang mit ihrem weiblichen Körper, ihrer Sexualität und Gebärfähigkeit für sich selbst und um dieses Wissen und die Freude daran anderen Frauen weiterzugeben« (ebd., S. 2). Das FFGZ versteht sich als ressourcenorientiert und folgt dem ganzheitlichen Gesundheitsbegriff der Salutogenese[1] (vgl. ebd., S. 9). Diese Selbstuntersuchungsgruppen sind

1 Salutogenese ist ein von Aaron Antonovsky in den 1980er Jahren entwickeltes gesundheitswissenschaftliches Konzept, das nicht primär die Krankheits-

jedoch laut Petra Bentz[2] seit den 1990er Jahren im Zuge der politischen Errungenschaften sowie des allgemeinen Rückgangs der »Selbsterfahrungswelle« weniger geworden.

Tantra

Jenseits der traditionellen Sexualpädagogik finden in der sexuellen Erwachsenenbildung bereits seit den 1970er Jahren unter dem Label *Tantra* Gruppenseminare statt. Sie vermitteln aus den Traditionen verschiedener Kulturen konkrete sexuelle Kompetenzen, wie zum Beispiel die Energetisierung des Körpers, die Gestaltung intimer Situationen, Kommunikation und subtile Gefühlsarbeit (vgl. Valtl, 2012, S. 134; 2005, S. 10f.). Die neo-tantrischen Institute bieten unter anderem auch geschlechtshomogene Gruppen an. Gut frequentierte tantrische Frauenseminare werden beispielsweise durch *Love Creation* mit ihrem *Dakini Frauentraining* von Leila Bust (2014), durch das Institut *Sinnliche Wege* von Devala Regine Hoffmann (2014), das *Skydancing Institut* (2014) und das *BeFree-Tantra Institut* unter Leitung von Regina Heckert (2014b) angeboten. Diese weisen eine hohe Körperorientierung auf. Es gibt sogenannte »Jahrestrainings«, die Frauen Lernräume für die weibliche Lust, das Körpererleben und sexuelles Selbstbewusstsein eröffnen. Darüber hinaus können sie auch als allgemeines, in der Regel von einer spirituellen Grundausrichtung gefärbtes Persönlichkeitstraining angesehen werden (Bust, 2014). In der Regel werden die geschlechtsspezifischen Seminare als intensive Mehrtagesseminare durchgeführt und laut Befragungen durch Corinna Voigt-Kehlenbeck sehr gut angenommen (vgl. Voigt-Kehlenbeck, 2012, S. 350). Als wesentlicher Untersuchungsgegenstand der vorliegenden Arbeit werden

ursachen, sondern gesundheitsfördernde Bedingungen und Einflussfaktoren betrachtet. Es verlässt die eindeutige Unterscheidung von Gesundheit und Krankheit und geht von einem Gesundheits-Krankheits-Kontinuum aus. Die Ressourcen und das individuelle Gefühl von Stimmigkeit (Kohärenzgefühl) stehen im Zentrum der Aufmerksamkeit (Brockhaus, 2006, S. 733; Antonovski, 1997, S. 29ff.).

2 Mündliche Aussage im Telefoninterview mit Petra Bentz, FFGZ Berlin, am 25.08.2014.

(neo-)tantrische Zusammenhänge im Kapitel »Tantra« ausführlich dargestellt.

Therapeutische Angebote

Auch im therapeutischen Feld werden punktuell Frauenkurse/-therapien angeboten. Vor allem unter dem Label »Orgasmustraining« lassen sich frauenspezifische Angebote finden. Als historisches Beispiel kann aus den 1980er Jahren das Gruppenformat der *Integrativen Sexualtherapie* nach Hermann Wendt genannt werden (Wendt, 1979). Gegenwärtige Gruppenangebote gibt es ebenfalls, beispielsweise im *Zürcher Institut für klinische Sexologie und Sexualtherapie* (ZISS) mit dem Angebot »Mit Genuss zum Orgasmus« (Gubler, 2014). Es basiert auf dem sexualtherapeutischen Ansatz Sexocorporel. In diesen Formaten werden bewusst Frauen angesprochen, die sich in ihrer Sexualität defizitär erleben. Während sich die Integrative Sexualtherapie als stark problemorientiert erweist und vor allem über Entängstigungsstrategien und klassischer Konditionierung vorging (vgl. Wendt, 1979, S. 171f.), lädt das ZISS, salutogenetisch orientiert, zur lustvollen Erweiterung der bereits erworbenen sexuellen Fähigkeiten ein (vgl. Gubler, 2014). Durch die Betonung des lebendigen Austausches untereinander und der Erprobung konkreter lustbetonter Übungen liefern beide Ansätze relavante Aspekte für die Sexuelle Bildung. Sexocorporel wird später als Untersuchungsgegenstand genauer beleuchtet (Kapitel »Sexocorporel«).

Angebote der Volkshochschulen

Angebote der Volkshochschulen (VHS) mit sexualpädagogischen Inhalten können als Formate mit traditioneller gesellschaftlicher Verankerung gelten. Sie nehmen, laut Ulla Voigt, seit der Sexuellen Revolution einen festen Platz in der Bildungslandschaft ein, auch wenn sie quantitativ kaum ins Gewicht fallen und nicht von einem »flächendeckenden Angebot« gesprochen werden kann. Sexualität werde hier in allen Facetten angesprochen und könne im Hinblick auf die Themenschwerpunkte als Ausdruck gesellschaftlicher Entwicklungen und Diskurse gelten. Dabei steche besonders die Beschäftigung mit Sexualität in der Frauenbewegung und Frauenbildung hervor. Beide verfolgen zwar vor allem politische Inhalte, integrieren aber auch persönliche sexuelle Erlebniswelten. Voigt konstatiert, dass das Interesse an Sexualität in den Volkshochschulen seit Ende der 1990er Jahre stark zurückgegangen sei, sich aber dennoch einige sexualpädagogische Vorträge, Kurse, Wochenendseminare im Volkshochschulprogramm finden ließen. Die Bildungsangebote werden in der Regel in enger Kooperation mit Beratungsstellen, allen voran der Pro Familia, durchgeführt (vgl. Voigt, 2012, S. 628ff.). Volkshochschulkurse können im Gegensatz zu den bisher genannten Formaten eine breite heterogene Masse ansprechen und stellen durch die Expertisen ihrer Kooperationspartner_innen fundiertes Wissen zur Verfügung. Inwieweit körperorientierte Verfahren, die Selbsterfahrung einschließen, hier angewandt werden und inwiefern auch ein junges Publikum davon angesprochen wird, kann an dieser Stelle nicht ausreichend geklärt werden.

Aus dem Überblick lässt sich schließen, dass es seit der Sexuellen Revolution Strukturen gibt, die selbstinitiiert (Selbstuntersuchungsgruppen), nischenartig (Neo-Tantra), therapeutisch intendiert (Wendt/ZISS) bzw. institutionalisiert (VHS) auf unterschiedliche Weise Bildungs- und Entwicklungsräume für erwachsene Frauen schaffen oder geschaffen haben. Jedoch existieren diese Strukturen bisher weitgehend abseits der sexualpädagogischen Landschaft. Für alle vier Bereiche wäre eine quantitative Erhebung für die Bedarfserschließung und Reflexion der bisherigen Inanspruchnahme sehr aufschlussreich. Für die Konzeption der Zeit- und Seminarstruktur von körperorientierten Angeboten in der Sexuellen Bildung können die aufgeführten Formate richtungsweisend sein (vgl. Kapitel »Zeitfaktor«).

Quellen zur Methodenerschließung

Aus dem aktuellen sexualpädagogischen Diskurs gehen konkrete Visionen hervor, auf deren Basis sinnlich-konkrete Lernfelder erweitert werden könnten: Sie verweisen unter anderem auf Anregungen aus nicht-europäischen Sexualkulturen sowie auf Anleihmöglichkeiten aus paar- und sexualtherapeutischen Ansätzen (vgl. Sielert, 2012, S. 52; Valtl, 2012, S. 134). Für die methodische Erweiterung der hier fokussierten Körperbildung erweist sich die Untersuchung der *körperpsychotherapeutischen Ansätze* als wichtiger Ausgangspunkt, da sie den Körper bereits in langer Tradition in den Mittelpunkt stellen (vgl. Marlock & Weiss, 2007, S. 2). Ferner wird der sehr körperbezogene sexualtherapeutische Ansatz *Sexocorporel* aufgegriffen. Obwohl auch andere sexualtherapeutische Verfahren direkte Körpermethoden einsetzen (z. B. die Hamburger Schule), hebt sich Sexocorporel durch seinen Fokus auf die Individualtherapie von dem sonst paartherapeutischen Vorgehen ab (vgl. Sztenc, 2014). Es ist daher davon auszugehen, dass im Sexocorporel jenseits von paardynamischen Komponenten wichtige Kenntnisse für individuelle geschlechtsspezifische Aneignungsprozesse erschlossen werden können, die auch im Gruppenkontext funktionieren. Um therapeutische Anleihen für die ressourcenorientierte Sexuelle Bildung nutzbar zu machen, müssen pathologisierende bzw. therapeutische Elemente reflektiert und gegebenenfalls modifiziert werden. *Tantra* wird exemplarisch als Ansatz einer außereuropäischen Sexualkultur herangezogen. In der Bestandsaufnahme zeigte sich für Tantra bereits eine hohe Körperorientierung, die auf ein reichhaltiges Methodenrepertoire schließen lässt. Da Tantra sowohl östliche traditionelle Formen als auch neo-tantrische Strukturen bereithält, muss hier der Blick geöffnet und eine klare Unterscheidung vorgenommen werden. Valtl betont, dass Anleihen aus anderen Traditionen dabei keine neuen Mythen aufnehmen sollen, sondern dass es darum gehe, »handfeste«, »kulturell erprobte Nahrung« für sexuelles Denken, Fühlen und Handeln aufzubereiten (Valtl, 2005, S. 13). In der Modifizierung der Quellen für die Sexuelle Bildung müssen daher mögliche Ideologien reflektiert und herausgefiltert werden. Mit seinem Beitrag »Tantra: Vision einer ganzheitlichen Kultur von Sexualität und Anregung zu einer neuen Sexualpädagogik« (2004) liefert Valtl bereits aufgearbeitete Hintergründe und setzt einen wesentlichen Grundstein für die Methodenerschließung.

Die Bezugnahme auf andere Disziplinen wie Therapieformen, Selbsterfahrung, Körperarbeit, Meditation und Tantra ist nicht neu. Gerade zu Beginn der Sexualpädagogik, als man noch nicht auf die sexualpädagogische Tradition und Handlungsmodalitäten zurückgreifen konnte, wurden sie, so Milan Nestor, als Grundlage oder alternative Anreicherungen genutzt (vgl. Nestor, 2012, S. 689). Eine wissenschaftlich theoretische Fundierung bzw. praktische Modifizierung für die Sexuelle Bildung steht allerdings noch aus.

In den folgenden drei Kapiteln werden die bis hierher herausgearbeiteten drei Ansätze Körperpsychotherapie, Sexocorporel und Tantra vertiefend betrachtet.

Dabei kann zusammenfassend folgendes Leitbild für die Untersuchung genutzt werden: Die Überbetonung des Körper-Haben-Aspekts führt zu dem beschriebenen internalisierten Außenblick. Eine Aufgabe körperorientierter Methoden ist dementsprechend die Aktivierung der inneren, also seelisch-leiblichen Wahrnehmung, um hier einen Gegenpol für die Selbstwahrnehmung zu öffnen. Die stärkere Betonung auf den Aspekt des Leib-Seins erweist sich als förderlich für das Vertrauen auf die eigenen Impulse, die »innere Stimme« und somit für das Authentizitätsgefühl. Ziel ist es, aus den unterschiedlichen Potenzialen der Ansätze Körperwissen und konkrete Techniken zu erschließen, die im besonderen Maße die körperbezogenen sexuellen Kompetenzen anregen: die energetische, praktische und tiefere körperliche Ebene. Ressourcenorientiert und lustbetont sollen körperorientierte Methoden ein Lernfeld öffnen, in dem sich junge Frauen kongruent die eigene Leiblichkeit aneignen bzw. sie erweitern sowie sexuelles Wissen über konkrete Erfahrungen ausbauen können.

Körper(psycho)therapien

Die Körper(psycho)therapien stellen eine grundlegende Ressource für körperorientierte Ansätze dar. In diesem Bereich kann auf umfangreiche Fachliteratur zurückgegriffen werden. Da sich nach ihrer Entstehung allerdings eine Pluralisierung und Weiterentwicklung vollzogen hat, die im Rahmen dieser Arbeit nicht berücksichtigt werden kann, werden hier vor allem historische Bezüge über Schriften von Wilhelm Reich geschaffen, um die essenzielle Idee zu erfassen. Als besonders methodisch/praktisch orientiert werden ferner Erkenntnisse von Nachfolgern Reichs wie Alexander Lowen und Jack Lee Rosenberg herangezogen.

Hintergründe

Definition – Ganzheitlichkeit

Unter Körper(psycho)therapien lassen sich verschiedene körperorientierte Therapierichtungen fassen, die durch die Arbeit mit dem Körper psychosomatische Heilungsprozesse verfolgen. Die Ansätze sind dabei in Theorie und Praxis unterschiedlich ausgeprägt. Was sie verbindet, ist eine an der *Ganzheitlichkeit* orientierte Perspektive, in der die körperlichen Dimension menschlichen Erlebens und menschlicher Erfahrung gleichwertig neben der psychische Dimension steht (Marlock & Weiss, 2007, S. 5).

Körperorientierte Therapieverfahren haben das Anliegen, im Sinne Lowens die »seelenlose Körpermedizin« mit der »körperlosen Seelenmedizin« zu verbinden (vgl. Ehrensberger, 2010, S. 109). Die praktizierte Ganzheitlichkeit beruht auf der Erkenntnis, »dass das Wesen des Menschen, sein innerstes Selbst, im Körper verankert ist und dass psychische Probleme nur mit sehr begrenztem Erfolg behandelt werden können, wenn der Körper ignoriert wird« (Rosenberg et al., 1996, S. 15). Denn prägende Erfahrungen hinterlassen sowohl auf der psychischen als auch auf der körperlichen Ebene überdauernde Strukturen. Da sich beide Ebenen bedingen und wechselseitig verändert werden können, ist die Integration des Körpers in den therapeutischen Prozess hilfreich (Marlock & Weiss, 2007, S. 10). Die Verbindung zwischen vegetativem und somatischem Nervensystem wird genutzt, um bisher unbewusste »Fehlhaltungen« (im psychischen und somatischen Sinne) über den Körper konkret erlebbar bzw. bewusst werden zu lassen (vgl. Müller-Braunschweig, 2010, S. 6ff.).

Insgesamt sind Körper(psycho)therapien über die Betonung von Bewegung, Handlung, Ausdruck und Experiment sehr erlebnisintensiv. Mit aktiven Aspekten der therapeutischen Selbsterfahrung werden positive Veränderungen erzielt. Neben den wissenschaftlich objektivierbaren Aspekten von Leid und Wohlbefinden, Krankheit und Gesundheit werden deren leibliche Organisation und Erfahrungsdimension, ihr persönlicher Bezug und ihre subjektive Sinnhaftigkeit integriert. Die verschiedenen Ansätze schließen in unterschiedlichem Grad verbale Verarbeitungstechniken ein (vgl. Marlock & Weiss, 2007, S. 2ff.).

Historische Einbettung

Die Körper(psycho)therapie entwickelt sich im frühen 20. Jahrhundert aus zwei Grundlinien: Zum einen entstehen aus den Reformbewegungen von Gymnastik, Tanz und Atemlehren Formen ganzheitlicher, therapeutisch intendierter Körperarbeit wie beispielsweise die Heilgymnastik nach Elsa Gindler, die Alexander-Technik, die Feldenkrais-Methode sowie die Atemarbeit nach Schlaffhorst und Andersen und später Ilse Middendorf, um nur einige zu nennen. Zum anderen geht ein weiterer Zweig aus Weiterentwicklungen der Psychoanalyse durch Wilhelm Reich (1897–1957) hervor. Auf seinen Erkenntnissen beruhen zahlreiche körperbetonte psychotherapeutische Ansätze (vgl. Geuter, 2007, S. 17ff.; Johnson, 2012) und knüpfen ebenso sexualtherapeutische Entwicklungen an. Der Körperpsychotherapie wurde in den psychoanalytischen und verhaltenstherapeutischen Strömungen und im Gesundheitswesen lange wenig Bedeutung beigemessen. Sie entwickelte sich dadurch zu einem Alternativsektor. Seit in den 1990er Jahren allerdings mittels bildgebender Verfahren neue Forschungsergebnisse der Neurowissenschaften publiziert wurden, steigt das Interesse an körperpsychotherapeutischen und körperorientierten Verfahren. Die Einbindung des Körpers in psychotherapeutische sowie beraterische Prozesse wird als gewinnbringende Ressource zunehmend auch in etablierten Richtungen erkannt (vgl. Marlock & Weiss, 2007, S. 1).

Im Weiteren wird der Entwicklungsstrang verfolgt, der sich von Wilhelm Reich ausgehend in den neo-reichianischen Ansätzen der *Bioenergetik* von Alexander Lowen bzw. der *Integrativen Körperpsychotherapie* nach Jack Lee Rosenberg fortsetzt. Die drei Vertreter stehen in enger Verbindung miteinander und bilden wesentliche Grundideen und Modalitäten aus, die als historische Basis für das ganzheitliche Verständnis von Sexualität und im Besonderen für ihre körperlich-energetischen Zusammenhänge gelten können. Die Körpertherapien, die sich aus reinen Körperdisziplinen entwickelt haben, werden hier außer Acht gelassen.

Therapeutische Inhalte und Strukturen

Während einige Überzeugungen Reichs als nicht hinlänglich wissenschaftlich begründet zu betrachten sind (z. B. kosmische Zusammenhänge, Orgonomie, Überbetonung des Sexualität), bilden dennoch viele seiner grundlegenden Erkenntnisse die Basis wertvoller körperorientierter Therapien und waren zu seiner Zeit im höchsten Maße revolutionär (vgl. Büntig, 2007, S. 56). Die von ihm aus der Psychoanalyse weiterentwickelte *Charakteranalyse und Vegetotherapie* (1935, später in den 1940ern *Orgontherapie*), stellte einen Paradigmenwechsel von der rein verbalen psychoanalytischen Praxis zur Integration unmittelbarer körperorientierter Modalitäten dar. Die Vegetotherapie ist eine frühe psychosomatische Weiterentwicklung der psychoanalytischen Therapie. Sie geht von der funktionellen Einheit einschränkender muskulärer und charakterlicher *Panzerungen* aus und versucht diese schrittweise aufzulösen (ebd., S. 52ff.). Reich charakterisiert die Vegetotherapie als eine *sexualökonomische Heilungstechnik* (Orgasmustherapie), die die Wiederherstellung der biopsychischen Beweglichkeit anstrebt (Reich, 1987, S. 14, 17). Sie basiert auf der Annahme, dass jede seelische Erkrankung mit einer erworbenen Lustangst einhergehe, in ihrem Kern angestaute Sexualerregung habe und sich durch die Differenz zwischen sexuellem Energie auf- und -abbau in einer sogenannten *Muskelpanzerung* verfestige. Ziel der Therapie ist es, die »orgastische Potenz« wiederherzustellen. Damit wird die Fähigkeit bezeichnet, ebenso viel an Sexualenergie abzubauen wie aufgebaut wurde und sich ungehemmt dem Strömen der »biologischen Energie« hingeben zu können (vgl. ebd., S. 87ff.). Der Patient soll dazu befähigt werden, den spontanen und instinktiven Körperregungen zu folgen (vgl. Lowen, 2008, S. 14ff.).

Im Vordergrund der Vegetotherapie stehen Anleitungen zum tiefen Atmen als Mobilisierungsquelle körperlich-seelischer Empfindungen, die verbale psychosomatische Prozessbegleitung sowie der Einsatz direkter Berührungen zur unterstützenden Lösung der Muskelpanzerungen. Der körperliche Kontakt erleichtert den Durchbruch von Empfindungen sowie von im Körper gespeicherten Erinnerungen und beschleunigt den therapeutischen Prozess (vgl. ebd., S. 26).

Bei allen Weiterentwicklungen durch Reichs Schüler bleiben gerade diese Grundaspekte der Vegetotherapie bestehen: Atmung, Muskelspannungen und Beweglichkeit werden als Quellen bzw. Beschränkungen von Vitalität verstanden, erforscht und genutzt. Die hier erwähnten sogenannten Neo-Reichianer Lowen und entfernter Rosenberg distanzieren sich jedoch von Reichs starker Betonung der Sexualität (»die seelische Gesundheit hängt [vollkommen] von der orgastischen Potenz ab« [ebd., S. 14]) und erweitern das körpertherapeutische Repertoire durch zusätzliche Quellen und Forschungen.

Alexander Lowen (1910–2008) steht im direkten Zusammenhang mit Reichs Arbeit als dessen Schüler und auch Patient. Er nutzt die

Grundlagen der Charakteranalyse und Vegetotherapie für die Entwicklung der *Bioenergetik* (ab 1956) und reichert diese mit Impulsen aus der *Progressiven Entspannung* von Jacques-Delcroze und Jacobson an (vgl. Lowen, 2008, S. 14). Er widmet sich in seiner »Energielehre« der vertiefenden Erforschung körperlich-energetischer Zusammenhänge für den therapeutischen Prozess. Dabei untersucht er die Beziehung von Atmung, Körperhaltung, Beweglichkeit und individuellem Spannungsmuster zum gegenwärtigen Energiepegel und dem Wohlbefinden eines Menschen (vgl. Ehrensberger, 2010, S. 108–112). Diese Zusammenhänge finden sich auch bei Sexocorporel wieder (vgl. Kapitel »Sexocorporel«).

Jack Lee Rosenberg (*1932) steht nicht mehr in direkter Verbindung zu Reich, bedient sich aber sowohl seiner Grundannahmen als auch der praktischen Ergebnisse der Bioenergetik. Die von ihm in den späten 1960er Jahren entwickelte *Integrative Körperpsychotherapie* bezieht darüber hinaus weitere Quellen ein und stellt hier eine frühe Fusion westlicher Psychologie und östlicher Kulturtechniken dar. Lehren von Sigmund Freud, Wilhelm Reich, C. G. Jung und aus der Gestalttherapie von F. S. Perls werden hier mit östlichen Techniken und Philosophien wie der Akupressur, dem Yoga, dem Tantra-Yoga und der Meditation verbunden (vgl. Rosenberg et al., 1996, S. 14f.). Damit bringt Rosenberg auch spirituelle Aspekte in den therapeutischen Kontext ein.

Im Vergleich zu den Anfängen Reichs erweitern Lowen und Rosenberg ihre körperpsychotherapeutischen Ansätze um konkrete Körperübungen (vgl. Lowen, 2008, S. 38f.). Diese dienen zum einen der Lösung chronischer Muskelspannungen im therapeutischen Zusammenhang, werden aber auch in ihrem Potenzial zur allgemeinen *Vitalisierung* und Anhebung des *Energiepegels* sowie zur Luststeigerung genutzt. Das therapeutische Setting ist als Einzelsetting angelegt. Trotzdem entwickeln sich über die Herausgabe methodischer Übungsbücher in den 1980er Jahren (*Bioenergetik für jeden*, Lowen & Lowen, 1985; *Orgasmus*, Rosenberg, 1983) Gruppensettings, die vor allem Selbsterfahrungscharakter haben (vgl. Großerüschkamp, 2013). Übungsfolgen zur Intensivierung der Lebensenergie, des Körperbewusstseins, der sexuellen Erlebensfähigkeit und zur Steigerung der Orgasmusqualität werden so für eine breite Öffentlichkeit verfügbar und stellen auf Basis therapeutischer Erkenntnisse einen Bildungsimpuls dar. Durch die Entpathologisierung der Übungsbücher können die Inhalte für die Sexuelle Bildung angepasst und nutzbar gemacht werden.

Theoretische Basis für körperorientierte Anleihen

Körperkonzept: Muskelpanzerungen – Körpersegmente

Alle drei Vertreter gehen entsprechend der Untersuchungen Reichs davon aus, dass es eine funktionelle Übereinstimmung zwischen dem *Charakter* eines Menschen und seiner Körperhaltung sowie chronischen Muskelspannungen, den sogenannten »Muskelpanzerungen«, gebe (vgl. Lowen, 2008, S. 14). Auf Basis dessen beschreiben sie spezifische körperlich verankerte Abwehrhaltungen, die über die psychoanalytisch geprägte Charakteranalyse in »schizoid«, »oral«, »psychopathisch«, »masochistisch« und »rigid« unterschieden werden. Es wird angenommen, dass die charaktertypischen chronifizierten Muskelspannungen auf frühkindlichen emotionalen Konflikten basieren, in denen unangenehme Impulse muskulär blockiert worden sind. Die Muskulatur ist in der Lage, Blutströmungen durch Spannungen zu behindern. Die Bewegung der Körperflüssigkeiten wird herabgesetzt und dadurch auch der Energiepegel und der freie Energiefluss reduziert. Neben negativ konnotierten Emotionen wie Wut und Angst wird so auch sexuelle Lebensenergie durch muskuläre Spannungen gebunden (vgl. ebd., S. 11f., vgl. Reich, 1987, S. 203). Reich nimmt entsprechend der Lokalisierung der chronischen Muskelspannungen eine Einteilung in Körpersegmente vor, an denen es am häufigsten zur Einschränkung vitaler Vorgänge komme. Die lokale muskuläre Hypertonie verhindere die Wellenbewegung der unwillkürlichen sexuellen Energie (»Orgasmusreflex«), die sich vom vegetativen Zentrum über Kopf, Hals, Brust, Ober- und Unterbauch zum Becken bewege und dann über die Beine ablaufe, so Reich. »Wird diese Welle an irgendeiner Stelle aufgehalten, verlangsamt oder gesperrt, dann ist der Reflex *zersplittert*« (ebd., S. 249). Die segmentale chronische Muskelspannung bestimmt, wie sich ein Mensch bewegt, wie er atmet und sexuell erlebt (Rosenberg & Morse, 2007, S. 686ff.).

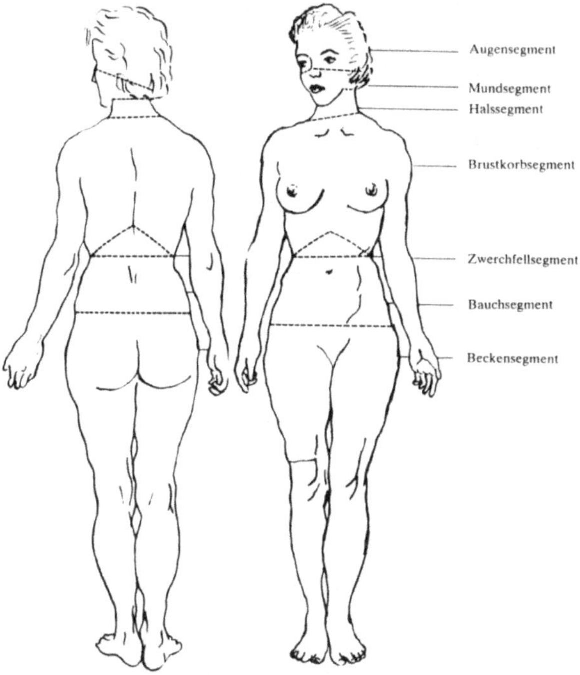

Abb. 2: Die sieben Körpersegmente (Reich zit. nach Baker, 1980, S. 84f.)

Es wird davon ausgegangen, dass entsprechend dem Charakter Spannungen zwar unterschiedlich gelagert sein können, diese sich jedoch grundsätzlich wechselseitig bedingen. Rosenberg betont, dass für eine Intensivierung sexuellen Erlebens der Fokus nicht vordergründig auf das Beckensegment gelegt werden solle; stattdessen verweist er auf eine sukzessive Lockerung von oben nach unten. Aufgrund der Wechselbeziehungen des Beckens zu den anderen Segmenten könne durch die Arbeit an den oberen Segmenten eine grundlegende Entspannung für das Becken erreicht werden. So kann eine Überbetonung des Beckensegments und der damit verbundene Stress umgangen werden (vgl. Rosenberg et al., 1996, S. 163). Neben der konkreten therapeutischen Deblockierungsbehandlung dient das Körperkonzept der Segmenteinteilung als

Grundlage für die bereits erwähnten Körperübungen. Über die Lockerung der einzelnen Segmente kann die Durchlässigkeit des Energieflusses begünstigt werden (vgl. A. Lowen & L. Lowen, 1985, S. 12f.).

Zwischenbilanz
Jenseits der pathologisch-neurotischen Charaktereinteilungen können grundlegende Wechselwirkungen von Muskelspannung und sexuellem Erleben für die Sexuelle Bildung aufgegriffen werden. Die Einteilung in Körpersegmente kann ressourcenorientiert für allgemein vitalisierende Lockerungsmethoden genutzt werden.

Energielehre

In der Körperpsychotherapie spielen energetische Prozesse eine maßgebliche Rolle. Um die energetische Kompetenzebene von Sexualität anzureichern, gilt es hier, inhaltliche und praxisbezogene Zusammenhänge zu ergründen.

Der Energiebegriff, der in der Vegetotherapie genutzt wird, ist vor allem neurophysiologisch zu verstehen, also bezogen auf die Energetik der Nervensysteme. Später erweitert Reich in der Orgontherapie diesen Begriff zu einer allumfassenden und uneindeutigeren Energieidee (Wehowski, 2007, S. 154). Die Bioenergetik und die Integrative Körperpsychotherapie setzen am ersten Energiebegriff an. Sie gehen davon aus, dass alle grundlegenden Lebensprozesse mit einem Energieaufbau durch Atmung und Stoffwechsel und einer Energieentladung durch Bewegung einhergehen (vgl. A. Lowen & L. Lowen, 1985, S. 11).

Die Energiemenge, über die ein Mensch aktuell verfügt, steht nach Lowen dabei in direkter Abhängigkeit zu seinem »Selbst-Ausdruck«. Dieser äußert sich über Bewegung und psychisch-emotionale Regungen in Prozessen der Ladung und Entladung von (sexuellen) Spannungen. Ist der Selbst-Ausdruck frei von Beschränkungen, verschafft die Entladung der Energie ein Gefühl von Befriedigung und Lust. Diese Gefühle aktivieren die Stoffwechseltätigkeit und die Atmung, sodass wiederum eine intensive energetische Aufladung erfolgen kann. Ist der Selbst-Ausdruck durch emotionale Konflikte bzw. chronische Muskelspannungen gehemmt, wird die Energieaufladung über Atmung oder Erregung reduziert, weil insgesamt weniger Energie entladen werden kann. Der Organismus ist immer bestrebt, eine ausgeglichene Energiebilanz zu erhalten (vgl. Lowen, 2008, S. 50f.).

Nach klinischen Beobachtungen Lowens unterliegt der Energiehaushalt also einer strengen Ökonomie: Die Energiemenge, die ein Mensch durch Atmung und Stoffwechsel entwickelt, muss immer im Gleichgewicht sein, das heißt, die energetische Aufladung muss der energetischen Entladung entsprechen (anknüpfend an Reichs »orgastische Potenz«). Aus diesem Grund kann die aufgenommene Energiemenge niemals größer sein als die Menge von Regungen und Gefühlen, die ein Mensch tolerieren oder ausdrücken kann. Wird der Energiepegel eines Menschen über gezielte Praktiken (Massagen, Atemtechniken und Bewegungsübungen) gesteigert, muss einkalkuliert werden, dass möglicherweise starke emotionale Prozesse damit einhergehen. Das körperpsychotherapeutische Ziel ist es, den Energiepegel eines Menschen zugunsten seiner ganzheitlichen (auch sexuellen) Lebensfreude und Lebendigkeit zu steigern. Dieses Ziel kann jedoch nur erreicht werden, indem Fixierungen auf traumatische Erfahrungen, die sich in Verkrampfungen und chronischen Verspannungen des Körpers manifestiert haben, gelöst werden (vgl. ebd., S. 9ff.).

Zwischenbilanz

Während allgemein aktivierende Methoden Selbsterfahrungs- und Lerncharakter haben und in ihrem Potenzial für die *energetische Kompetenzebene* in die Sexuelle Bildung Eingang finden können (Übungsbücher), muss sich die Sexuelle Bildung von den angeführten tiefgehenden Heilungsprozessen distanzieren. Da die Grenzen zwischen Bildungs- und Heilungsprozessen jedoch fließend verlaufen können, gilt es, die mögliche Wirkung und Tragweite von entsprechenden Anleihen gut zu reflektieren.

Praktische Methoden für die Sexuelle Bildung

Die Nutzung bioenergetischer Übungen stellt laut Lowen keinen Therapieersatz dar und könne ohne therapeutischen Anspruch ressourcenorientiert der ganzheitlichen Lebendigkeit und Lebensfreude dienen.

Lowen verdeutlicht, dass die Übungen nach den grundlegenden Funktionen des lebendigen Körpers ausgerichtet sind: der Atmung, der Bewegung, dem Gefühl, dem Selbstausdruck und der Sexualität (vgl. Lowen, 2008, S. 44). Obwohl klare Techniken beschrieben werden, hänge die Wirksamkeit der Übungen nicht von der mechanischen Geschicklichkeit ab, sondern von der inneren Haltung, also vom »liebevollen Interesse« am eigenen Körper (vgl. A. Lowen & L. Lowen, 1985, S. 13). Die folgenden Übungsschwerpunkte können für die körperorientierte Sexuelle Bildung Orientierung geben.

Energetisierung

Allgemeines Ziel der Körperübungen ist die Intensivierung der *Vibration* (pulsierende energetische Wellen/dem Organismus innewohnende Motilität) über die energetische Aufladung der Muskulatur und das Fördern des freien Strömens von Energie durch den Körper. Werden Spannungen in den inneren und äußeren Muskeln bewusst gelöst, ergibt sich mehr »Durchlässigkeit« und damit größere Beweglichkeit im Körper. Dadurch erhöht sich die Toleranz für Erregung und Lust. Ein Gefühl von innerer Einheit und Integrität kann sich einstellen (vgl. ebd., S. 15f.). Besonders Dehn- und Schüttelübungen werden für die Energetisierung angeregt.

Entladung

Es werden Übungen aufgeführt, die den »Kontakt mit dem Boden« stärken. Anders als in der invasiven Massagetechnik wird in diesen Übungen vom unteren Segment nach oben gearbeitet, da die Füße als Fundament körperlicher Balance betrachtet werden. Der Bodenkontakt erleichtert das lustvolle Loslassen und die sexuelle Entladung (vgl. ebd., S. 13, 20, 61).

Atem

Der Atem gilt als Quelle der Lebendigkeit. Atemübungen sind hier nicht nach bestimmten Techniken ausgerichtet, sondern öffnen das Bewusstsein für die Gegenwärtigkeit des Atems. Ziel der Übungen ist, die natürliche Atmung, die leicht und spontan ist, zu begünstigen. Ferner wird die tiefe Bauchatmung als Entspannungsquelle genutzt. Der Einsatz von Seufzern und Tönen wird angeregt, da durch sie ebenfalls eine innere Vibration ausgelöst und der Atem zusätzlich hörbar wird (vgl. ebd., S. 28ff.).

Beckenbeweglichkeit

Weitere Übungen stärken die Beweglichkeit des Beckens. Die sexuelle Lebendigkeit eines Menschen wird durch ein frei schwingendes Becken charakterisiert, das sich spontan mit dem Atem bewegen kann und nicht in einer starren Haltung verharrt. Die Übungen für die Beckenbeweglichkeit geben Impulse, Spannungen zu bemerken und loszulassen (vgl. ebd., S. 40ff.). So wird beispielsweise durch die Methode der »Beckenschaukel« ein sanftes lustvolles Schaukeln des Beckens mit einer bewussten Atemlenkung gekoppelt (vgl. Rosenberg, 1983, S. 51ff.).

Selbst-Bewusstsein und Selbst-Ausdruck

Alle Übungen verfolgen die Querschnittsaufgabe, die Selbstwahrnehmung zu steigern. Auf einem erhöhten Energiepegel können Körper und Gefühle intensiver wahrgenommen werden. Es entsteht eine stärkere Verankerung des Bewusstseins im Leib (»Selbst-Gespür«), wodurch lebendige und authentische Haltungs- und Bewegungsmuster entwickelt werden können. Auch das Selbstwertgefühl und der Selbst-Ausdruck gewinnen an Gelassenheit und Spontaneität (vgl. A. Lowen & L. Lowen, 1985, S. 28ff.). In den Übungen wird unter anderem gezielt zum Spontanausdruck der Gefühle im geschützten Raum ermutigt. Dadurch komme die in den Haltungsmustern gebundene Vitalenergie in Bewegung. Sie fördern darüber hinaus die Fähigkeit, Gefühle angemessen zu koordinieren (vgl. ebd., S. 46). Die konkreten Methoden zum Selbst-Ausdruck bestehen aus Anregungen, Wut, Ängste und Sehnsüchte kraftvoll »auszutoben« (vgl. ebd., S. 96ff.). Da über die Intensität der »Gefühlsausbrüche« schnell ein gruppentherapeutisches

Geschehen eröffnet werden kann, scheinen sie für den Bildungskontext weniger geeignet. Dennoch kann das Spiel mit Emotionen und mit stimmlichem Ausdruck als ein lustvolles Element Eingang in die Sexuelle Bildung finden.

Zwischenbilanz

Der Vorteil des vorliegenden Übungsmaterials ist die leichte Erlernbarkeit der Übungen. Sie bestehen aus einfachen Dehn-, Streck- und Bewegungsübungen, die an Sport und Gymnastik erinnern. Es kann davon ausgegangen werden, dass sie für die Sexuelle Bildung leicht zugänglich und auch selbstständig praktizierbar sind. Anders als bei funktional ausgerichteter Gymnastik werden durch die feine Körperwahrnehmung und das Atembewusstsein ähnlich wie beim Yoga energetische Zusammenhänge fühl- und damit selbst regulierbar, sodass leibliche und energetische Aneignungsprozesse stattfinden.

Fazit des Kapitels

Körperpsychotherapeutische Ansätze öffnen einen Einblick in die energetischen und muskulären Zusammenhänge, die für die allgemeine Lebendigkeit und Integrität eines Menschen, aber auch für das sexuelle Erleben bedeutsam sind. Sie verdeutlichen ihren Ansatz der Ganzheitlichkeit über das Bild eines Energiekörpers, der in der Sexuellen Bildungsarbeit als Verständnisgrundlage durchaus aufgegriffen werden kann. Die Beschreibungen von *Energiepegel* und *Energieökonomie* bleiben begrifflich vage, obgleich sie über leibliche Erfahrungen nachvollzogen werden können. Für die Sexuelle Bildung können die Vorstellungsbilder und das damit verknüpfte Körperkonzept als Anregung ganzheitlich-energetischer Erfahrung reflektiert eingesetzt werden.

Die psychoanalytischen Wurzeln sind in der Pathologisierung der Muskelpanzerungen sehr präsent. Die Einteilung in Körpersegmente kann dennoch als als Erklärungsmaterial für ganzheitliche Zusammenhänge und zur Wahrnehmung von körperlichen Spannungszuständen im Kontext Sexueller Bildung verwendet werden. Spannungen und muskuläre Verhärtungen sollten hier jedoch nicht in einen pathologisierenden Kontext gestellt werden. Obwohl sich die Sexuelle Bildung von therapeutischen Intentionen abgrenzt, ist es wichtig, mögliche psychische Prozesse, die durch den Einsatz von energieanhebenden bzw. muskulär entspannenden Übungen ausgelöst werden können, im Blick zu haben. So kann in Achtsamkeit von den innewohnenden Ressourcen profitiert werden (siehe auch im Kapitel »Möglichkeiten und Grenzen«).

Für die drei richtungsweisenden Kompetenzebenen, die für die körperorientierte Sexuelle Bildung formuliert wurden, können Übungen aufgegriffen werden, die zur besseren Lesbarkeit tabellarisch erfasst werden.

Energetische Ebene	• Ganzheitliche energetische Aktivierung über: ◦ den Atem ◦ Dehn- und Streckübungen ◦ das Lösen von übermäßigen Körperspannungen ◦ Beweglichkeitsförderung ◦ Gefühlsausdruck • Wahrnehmungsübungen zum inneren »Strömen« (Diffusion)
Praktische Ebene	• Auf- und Entladungstechniken als konkretes Wissen für sexuelle Erregungsprozesse und Orgasmusregulierung
Tiefere körperliche Ebene	• Fokus auf die leibliche Selbstwahrnehmung ◦ Spannungen wahrnehmen ◦ Atmung wahrnehmen ◦ Gefühle als im Körper verankert wahrnehmen

Tab. 2: Resultate der untersuchten Körperpsychotherapien für die Körperbildung

Aus der Betrachtung der körperorientierten Übungen von Lowen und Rosenberg zeichnen sich bereits Schwerpunkte ab, die in der Erörterung von Sexocorporel und Tantra weiterverfolgt werden sollen: Der Atem, die Beweglichkeit und die Muskelspannungsverhältnisse spielen in den körperpsychotherapeutischen Verfahren eine große Rolle.

Sexocorporel

Das im französischsprachigen Kanada entwickelte Konzept wird etwa seit 2000 auch in der europäischen Sexologie verhandelt. Es findet über Frankreich und die Schweiz langsam auch in Deutschland Interesse (vgl. Sztenc, 2014). Die vorliegende Arbeit orientiert sich an den Übersetzungen und wissenschaftlichen Weiterführungen, die vor allem über das *Zürcher Institut für klinische Sexologie und Sexualtherapie* verfügbar sind. Diese eröffnen umfangreiches sexologisches Wissen, konkrete Methoden werden hingegen wenig schriftlich überliefert. Deshalb wird in der anschließenden Untersuchung zusätzlich »graue Literatur« (Ausbildungsmaterial) sowie ein Expertinneninterview mit Elke Lieback, einer Sexualtherapeutin nach Sexocorporel, einbezogen.

Hintergründe

Definition

Das sexualtherapeutische Konzept des Sexocorporel versteht sich als umfassendes Modell sexueller Entwicklung und Funktionalität, das die Intention sexueller Gesundheit verfolgt (vgl. Gehrig, 2013, S. 1; vgl. Bischof-Campbell, 2012, S. 1). Es entwickelte sich basierend auf klinischen Beobachtungen und wissenschaftlichen Untersuchungen bis 1988 unter Jean-Yves Desjardins an der sexologischen Fakultät der Universität Québec in Montreal, die er 1968 gemeinsam mit Claude

Crépault gründete. Es schließt an die Arbeit vorangegangener Sexualforscher_innen wie Reich, Kinsey und Masters und Johnson an.

Ganzheitlichkeit

Das ganzheitliche Menschenbild, das Sexocorporel zugrunde liegt, orientiert sich an Spinozas Identitätsphilosophie, die auf der untrennbaren Körper-Seele-Einheit aufbaut. Die Annahme wird allerdings als *Körper-Hirn-Einheit* spezifiziert, die durch die neurowissenschaftlich belegten Entsprechungen körperlicher und neuronaler Vorgänge begründet wird. Jeder Vorgang, so Desjardins, habe auf kognitiver und emotionaler Ebene eine Resonanz im Körper und umgekehrt. Ausgehend von dieser Betrachtung können Ursache und Wirkung eines Phänomens nicht anhand einer losgelösten Ebene bestimmt werden (vgl. Desjardins, 2010 zitiert nach Bischof-Campbell, 2012, S. 2). Darin zeigen sich direkte Haltungsverwandtschaften zu den Körperpsychotherapien.

Körperorientierung

Obwohl Sexocorporel seiner ganzheitlichen Basis entsprechend alle sexuellen Komponenten integriert, wird der Körper wegen seiner Unmittelbarkeit im sexuellen Erleben in den Mittelpunkt gestellt (vgl. Gehrig, 2013, S. 19). Klinische Erfahrungen untermauern diese Positionierung, da sie zeigen, dass über »50 Prozent der sexuellen Probleme« der Patient_innen in direkter Kausalität mit der Erregungsfunktion stehen. Die Bedeutung der *sexuellen Funktionalität*, die auf neurophysiologischen Lernschritten basiert, wird deshalb besonders hervorgehoben. Gehrig problematisiert die weit verbreitete Behandlung indirekter Kausalitäten der Sexualität. So würde man über die vorschnelle Fokussierung zum Beispiel auf Beziehungsprobleme, psychische Konflikte oder Kindheitstraumata in der Behandlung Gefahr laufen, über hypothetische Konstruktionen unnötig zu »psychopathologisieren«. Sexocorporel schließt indirekte Kausalitäten nicht aus (ebd., S. 14f.). Physiologische, sexodynamische, kognitive und Beziehungskomponenten werden als Aspekte der menschlichen Sexualentwicklung gleichermaßen anerkannt, ihr unmittelbares Zusammenwirken evaluiert und in der Behandlung betrachtet (ausführlich: ebd., S. 3f.). Aufgrund der Erkenntnis, dass viele Problemlagen von sexuellen Lernschritten abhängig sind, wird jedoch zunächst der Fokus auf das direkte leibliche Erleben gelegt. Ziel ist es kausale Zusammenhänge genau bestimmen und eine diagnostische Unterscheidung von sexueller und psychischer Gesundheit vornehmen zu können (vgl. ebd., S. 14f.).

Zwischenbilanz

Die therapeutische Perspektive und Grundhaltung stellt sich als ausgesprochen körperorientiert dar und impliziert über den inhärenten Lernansatz ein bildungsbetontes Vorgehen. Da vor allem die physiologischen und sexodynamischen Komponenten des Ansatzes eine deutliche Körperorientierung aufweisen, werden diese und die Zusammenhänge sexuellen Lernens zu einem späteren Zeitpunkt als Grundlage für die Sexuelle Bildung vertieft.

Therapeutische Inhalte und Strukturen

Sexocorporel bietet vordergründig Kurzzeit-Individualtherapien an, da das Einzelsetting ermöglicht, die Patient_in jenseits der Paarstrukturen in ihrer persönlichen sexuellen Erfahrungswelt abzuholen (vgl. Sztenc, 2014). Anders als paartherapeutische Ansätze (Hamburger Schule, Heidelberger Schule, Syndiastische Sexualtherapie) legt Sexocorporel den Fokus auf die individuelle Aneignung neuer Erfahrungen mit dem eigenen Körper, dem eigenen Geschlecht samt seinen sexuellen Reaktionsweisen. Sexocorporel geht aufgrund sexologischer Erkenntnisse davon aus, dass sexuelles Erleben von vielfältigen individuellen Kenntnissen und Lernschritten abhängt. In Anerkennung dessen werden »sexuelle Störungen« nicht pathologisiert; vielmehr wird von einer Begrenztheit im sexuellen Lernprozess ausgegangen (vgl. Gehrig, 2013, S. 2f.). Damit nimmt Sexocorporel eine ressourcenorientierte Grundhaltung ein, die es erleichtert, eine Übertragung auf die Sexuelle Bildung vorzunehmen. Die Therapie stellt neben der detaillierten Evaluation aller sexuellen Komponenten und der Vermittlung von Körperwissen deshalb vor allem eine Begleitung durch sexuelle Lernvorgänge dar. Die Übungen werden je nach Stärken und Schwächen und entsprechend der individuellen Form der Erregungssteigerung *(Erregungsmodus)* abgestimmt, sodass die Behandlung nicht als standardisierter Ablauf zu verstehen ist (Unterschied zum »Sensate Focus«). Die einzelnen Lernschritte werden kontinuierlich im gemeinsamen Gespräch reflektiert, um darauf aufbauend den jeweils nächsten Schritt zu ermitteln. Grundsätzlich erzielen alle körperorientierten Übungen eine Erweiterung des sexuellen Spielraums, um zufriedenstellende sexuelle Erfahrungen im eigenen Leben zu verankern. Die Inhalte bewegen sich von Selbstexplorationen des Körpers, Aufmerksamkeitsübungen bis hin zu konkreten Übungen zur Steigerung, Intensivierung und Entladung von Erregung (vgl. Bischof, 2008, S. 24). Der Körper ist im gesamten Therapieverlauf zentral. Zum einen setzt die Behandlung eine sensibilisierte Körperwahrnehmung der Therapeut_in voraus, sodass sie non-verbale Ausdrucksweisen aufnehmen und spiegeln kann, zum anderen wird der Körper von Anfang an ins Geschehen einbezogen. Die Patient_in wird stetig an die Unmittelbarkeit ihres Körpers erinnert, der atmet, spricht, sich bewegt, einen Blutkreislauf hat, handelt, denkt und sich eben auch erregt, so Elke Lieback. Analyse, Evaluationen und Übungen werden dadurch als eng verzahnte Einheit erlebt (Interview).

Besonderes Augenmerk legt Sexocorporel auf eine lustbetonte Behandlungsstimmung, so Lieback. Die Lust am Körper und am eigenen Sein ist Teil der therapeutischen Haltung, die eine Neugier auf sich selbst, auf das Experimentieren und das Spielerische vermitteln will. Dadurch kann der Blick auf die eigenen Unzulänglichkeiten gemildert und so Selbstannahme gefördert werden. Ebenso werden neue Handlungsimpulse angeregt (ebd.).

Zwischenbilanz

Obwohl das Setting des Sexocorporel zunächst kein Gruppensetting ist, können grundlegende Ideen für die Sexuelle Bildung herausgezogen werden, so etwa das lustbetonte Arbeiten sowie das Bewusstsein, Lernvorgänge zu begleiten. Ebenso sind zum Beispiel Spiegelübungen auf den Gruppenkontext übertragbar, wodurch Teilnehmerinnen in der Körperwahrnehmung sensibilisiert werden und sich gegenseitig achtsam und auf humorvolle Weise imitieren.

Theoretische Basis für körperorientierte Anleihen

Lerntheorie als Basis für sexuelle Aneignungsprozesse

Sexocorporel geht davon aus, dass für das sexuelle Erleben Lernprozesse eine entscheidende Rolle spielen. Diese vollziehen sich lebenslang über eine Vielzahl von Lernschritten, über Faktoren der Hirnreifung und der Auseinandersetzung mit der Umwelt. Es wird davon ausgegangen, dass die biografische Entwicklung dabei in wellenförmigen Prozessen verläuft, die von immer wieder auftretenden Neuentdeckungen, Verfestigungen von Mustern, hormonellen Veränderungen, möglichen Krankheiten und Behinderungen geprägt sein können und dadurch stetig neue Lernprozesse evozieren. Der Sexualisierungsprozess beginnt laut Gehrig bereits mit dem vorgeburtlich angelegten Erregungsreflex, der sich im Laufe der Entwicklung mit motorischen, sensorischen, symbolischen, kognitiven und kommunikativen Funktionen verbindet (vgl. Gehrig, 2013, S. 2f.). Als Hintergrund für die Sexuelle Bildung werden im Folgenden die Erregungsfunktion und der sexuelle Lernvorgang über neurophysiologische Zusammenhänge vertieft.

In der Analyse des sexuellen Reaktionszyklus werden unwillkürliche und willkürliche Aspekte deutlich. Sowohl der angeborene *Erregungsreflex* als auch der *Orgsamusreflex* sind unwillkürlich. Der »Raum« zwischen den beiden unwillkürlichen Reflexen, also zwischen der Grunderregung und dem reflektorischen Ereignis des Orgasmus, kann als willentlich beeinflussbarer Gestaltungsraum betrachtet werden. Wie dieser allerdings erlebt und gestaltet wird, hängt davon ab, welche individuellen Lernschritte vollzogen worden sind, um die ausgelöste Erregung zu steigern. Die in der Regel unbewusste Aneignung eines bestimmten bevorzugten Musters, mit der die Erregung gesteigert wird, nennt Sexocorporel den *Erregungsmodus* (ebd., S. 39). Das sexuelle Erleben fällt je nach Modus in seiner energetischen Intensität und lustvollen Qualität unterschiedlich aus (vgl. ebd., S. 4f.). Hat die genitale Vasokongestion einen bestimmten Schwellenwert erreicht, setzt der Orgasmusreflex unwillkürlich ein (vgl. Bischof, 2012, S. 2).

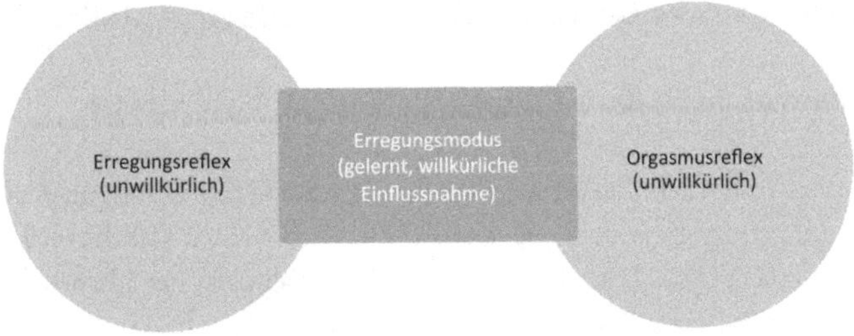

Abb. 3: Die Erregungsfunktion

Zusammengefasst bedeutet das, dass zwar der Erregungsreflex angeboren ist, jedoch nicht die Fähigkeit, ihn auszulösen, zu steigern und zu genießen. Anders als beim Mann, der vor allem die bewusste Steuerung seiner Erregung erlernen muss, ist das sexuelle Erleben von Frauen an eine Vielzahl von Lernschritten und damit an Aneignungsprozesse geknüpft (vgl. Bischof, 2008, S. 3). Sie basieren auf Wiederholungsvorgängen, die in Bezugnahme zur *Hebb'schen Lernregel* neurophysiologisch detailliert belegt werden (detaillierter: Bischof, 2008; Bischof-Campbell, 2012).Erst über das wiederholte körperliche Erleben von extero- und propiozeptiven Nervenstimuli (Reibung, Druck, Dehnung) in Vulva, Vagina und Beckenboden können dort Sinnesempfindungen wahrgenommen, als angenehm kodifiziert und erotisiert werden. Auch um sexuelle Erregung zu »verstehen«, das heißt, sie steigern, diffundieren und kanalisieren zu können, sowie der Erregung einen positiven Affekt zuzuordnen und sie damit »genießen« zu können, seien Lernschritte im Sinne neuronaler Verknüpfungsprozesse erforderlich (vgl. Bischof, 2008, S. 1, 11). Somit können sexuelle Erfahrungen als Lernvorgänge verstanden werden, die zur Ausbildung spezifischer Erregungsmodi, spezifischen Orgasmuserlebens sowie Präferenzen und Abneigungen führen (vgl. Bischof-Campbell, 2012, S. 21). Vergleichbar mit anderen Lernprozessen werden vor allem die Handlungen wiederholt, die mit positiven lustvollen Erfahrungen neuronal verknüpft worden sind (Konditionierung). So bestätigen klinische Beobachtungen, dass, sobald ein bestimmter Erregungsmodus entwickelt worden ist, dieser in der Regel das individuelle Sexualleben dauerhaft bestimmt.

Nur eine Minderheit erlernt im Verlauf des Lebens mehrere Erregungsmodi und kann selbstbestimmt zwischen ihnen wechseln, so Annette Bischof-Campbell. Die Intention des Sexocorporel ist es, konkrete sexuelle Lernschritte anzuregen, die sich vor allem über Wiederholungen manifestieren und das Spektrum des sexuellen Erlebens durch die Aneignung und willentliche Steuerung vielfältiger Erregungsmodi erweitern (vgl. Desjardins, 2010, zit. nach Bischof-Campbell, 2012, S. 22).

Zwischenbilanz

Sexocorporel unterstreicht in seinem Ansatz die lebenslangen Lernvorgänge in der sexuellen Biografie. »Sexuelle Störungen« werden zunächst nicht als pathologisch betrachtet, sondern als Auswirkung von Lerndefiziten, die über Lernanregungen verändert werden können (vgl. Gehrig, 2013, S. 2f.). »Lernen ist der Weg vom Reflex zum Bewusstsein und von der bewussten Wahrnehmung zur Kompetenz« (Hülsmann, 2008, S. 16). Neurophysiologisches Körperwissen kann übernommen werden, um Lernvorgänge bewusst zu unterstützen und Kompetenzerweiterungen zu ermöglichen. In der Ressourcenorientierung entspricht Sexocorporel somit dem Ansatz der Sexuellen Bildung.

Modell der Erregungsmodi

In der Fokussierung der Funktionalität des Körpers nehmen die sogenannten Erregungsmodi bei Sexocorporel eine herausgehobene Stellung ein. An ihnen zeigt sich der sexuelle Spielraum, über den ein Mensch verfügt, um sich Lust und Entladung zu ermöglichen. Um Frauen Wege zu eröffnen, unterschiedliche Lust- und Orgasmusqualitäten erlernen, erweitern und erfahren zu können, ist die Kenntnis der Erregungsmodi sehr gewinnbringend. Zum Verständnis der qualitativen Unterschiede der Erregungsmodi sind zunächst die Begrifflichkeiten der *Orgastie* und *Orgasmie* zu klären. Die *orgastische Entladung* wird lokal als reflektorisches Geschehen am stimulierten Genital erfahren und muss nicht an Lustgefühle gekoppelt sein. Diese Form der

Entladung entspricht dem Reaktionszyklus, den Masters und Johnson gemessen haben. Die *orgasmische Entladung* hingegen wird als Verbindung von genitaler orgastischen Entladung und emotionalem Loslassen beschrieben, das an intensive Lust- und Genussgefühle gekoppelt ist (vgl. Bischof, 2008, S. 1). Die Orgasmie kann demzufolge als eine ganzheitliche energetische Entladung gekennzeichnet werden. Sie setzt die Fähigkeit voraus, die Erregung im Körper ausbreiten zu können *(Diffusion),* sie zu steigern *(Kanalisation)* und sowohl genital als auch emotional loszulassen. Erst die Verbindung der sexuellen Erregung mit Lustgefühlen führt zu einer intensiven ganzheitlichen sexuellen Erfahrung, so Gehrig.

Die fünf Erregungsmodi, die Desjardins durch Laborbeobachtungen und Beschreibungen von Klient_innen festgehalten hat, beschreiben, in welchem funktionalen Muster ein Mensch seine Erregung auslösen, steigern und entladen kann – kurz, wie er sexuell agiert. Er charakterisiert dabei den sogenannten *archaischen*, den *mechanischen*, den *archaisch-mechanischen* als Mischform der ersten beiden, den *ondulierenden* und schließlich den *wellenförmigen Errgungsmodus.* Jeder Erregungsmodus verfügt über bestimmte Qualitäten bezüglich seiner orgastischen und orgasmischen Erfahrungsmöglichkeiten. Sie entstehen durch die unterschiedliche Komposition von Atem, Muskeltonus, Bewegung und Rhythmus. Diese Elemente bestimmen den sexuellen Reaktionszyklus (vgl. Gehrig, 2013, S. 5ff.).

Wie lässt sich der Zusammenhang nachvollziehen? Der sexuelle Reaktionszyklus kann als sensibles Zusammenspiel des vegetativen Nervensystems, also als Zusammenspiel von Sympathikus und Parasympathikus, betrachtet werden, das maßgeblich über An- und Entspannungsvorgänge gelenkt wird (vgl. Haberger, 2010). Die sexuelle Erregung geht mit einer erhöhten Muskelspannung einher und bedingt diese wiederum. Andererseits zeigt sich, dass eine überhöhte Muskelspannung für den sexuellen Genuss nicht förderlich ist. Ist der Muskeltonus des Menschen insgesamt sowie in seiner Art, Erregung zu steigern, sehr hoch, wird vorwiegend das sympathische Nervensystem aktiviert, wodurch Stressreaktionen ausgelöst werden. Der hohe Tonus hemmt das Zwerchfell, sodass sich die Atmung beschleunigt und verflacht, was den sexuellen Genuss einschränkt. Es kommt zur Mangeldurchblutung, wodurch warme, kribbelnde Empfindungen in der sexuellen Erregung ausbleiben und diese eher als unangenehm empfunden wird. Der Blutfluss zur Vagina wird durch die stressbedingte Mangeldurchblutung gehemmt, was zu schwächer ausfallender Lubrikation führt. Ebenso wird dem Gehirn über den Sauerstoffmangel im Gewebe ein Zustand von Not vermittelt, sodass dieses auf schnelle Entladung zusteuern lässt. Das Potenzial des hohen Muskeltonus liegt weniger in der Genussfähigkeit als in der Möglichkeit, entladen zu können (Kanalisation). Bei einem besonders niedrigen Tonus hingegen wird vorwiegend der Parasympathikus aktiviert, sodass eine Vielzahl von Entspannungsreaktionen auftreten. Das Zwerchfell ist locker, wodurch eine tiefe Bauchatmung in einem ruhigen Rhythmus möglich ist. Sexuelle Erregung verteilt sich als kribbelndes Wohlgefühl im gesamten Körper (Diffusion). Dieser Zustand birgt ein großes Genusspotenzial, allerdings bleibt die sexuelle Entladung in der Regel aus Mangel an Spannung aus. Allein durch die Bewegung kann das Paradoxon von Entspannung und Anspannung, zwischen Genuss und Erregung aufgelöst werden, so Bischof. Die Bewegung des Körpers ermöglicht das stetige Zusammenspiel von Anspannung bestimmter Muskeln und Entspannung ihrer Antagonisten. Durch diesen Vorgang wird die Durchblutung gefördert. Durch eine tiefe Bauchatmung werden Brust und Zwerchfell mobilisiert, wodurch der Sympathikus unterdrückt und der Parasympathikus gleichsam stimuliert wird. Durch die extero-, intero- und propriozeptiven Nervenendigungen, die während der Bewegung im ganzen Körper stimuliert werden, kann die Erregung durch den ganzen Körper diffundieren (vgl. Bischof, 2012, S. 6ff.; Bischof-Campbell, 2012, S. 14f.). Bischof fasst diese Bedingtheiten wie folgt zusammen: »Je mehr die Erregung diffundieren konnte und je lustvoller der Erregungsanstieg erlebt wurde, desto höher die körperliche und emotionale Ladung, die sich dann in einem Orgasmus entlädt« (Bischof, 2008, S. 14). Wie dieses tonische Wechselspiel abläuft, hängt von dem jeweils angelernten Erregungsmodus ab.

MODUS	Beschreibung der Erregungssteigerung	Entladung
Archaischer EM	Die sexuelle Erregung wird über kräftige Bewegungen oder Druck auf die Genitalien und im Unterbauch gesteigert (Tiefenrezeptoren).	Orgastisch - genitale Erregung - wenig sexuelle Lust
Mechanischer EM	Die sexuelle Erregung wird über oberflächliches schnelles Reiben der Vulva, insbesondere der Klitoris, in einem präzisen, punkt-genauen Ritual gesteigert (Oberflächenrezeptoren).	Orgastisch - genitale Erregung - wenig sexuelle Lust
Archaisch-mechanischer EM	Die Stimulation erfolgt in Kombination der Aktivierung der Oberflächenrezeptoren und der Tiefenrezeptoren.	Orgastisch - genitale Erregung - wenig sexuelle Lust
Ondulierender EM	Der Körper nimmt die Erregung in einer fließenden Bewegung auf und lässt sie durch den ganzen Körper diffundieren. Die genitale Erregung bleibt ohne Kanalisation.	Keine Entladung - wenig genitale Erregung - hohe sexuelle Lust
Wellenförmiger EM	Über die Bewegung der »Doppelten Schaukel« (Beckenschaukel und obere Schaukel) werden die sexuelle Erregung und die Lust miteinander verbunden. Diese Form der Erregungssteigerung nutzt die Diffusion und Kanalisation der Erregung.	Orgasmisch - hohe genitale Erregung - hohe sexuelle Lust

Tab. 3: Art der Erregungssteigerung mit entsprechender Entladungsqualität (vgl. Bischof, 2012, S. 3ff.)

Während der archaische (Druck) und mechanische (Reibung) Erregungsmodus durch den hohen Muskeltonus orgastische Entladung begünstigt, zeigt sich im ondulierenden (Spiel mit Bewegung) Erregungsmodus über die Diffusion der sexuellen Erregung orgasmisches Potenzial, das meistens ohne Entladung bleibt. Im wellenförmigen (»Doppelte Schaukel«) Modus verbinden sich hingegen Diffusion und Entladung, was mit einem intensiv erlebten Orgasmus auf emotionaler und genitaler Ebene einhergeht (vgl. ebd., S. 1f.; Gehrig, 2013, S. 9).

Zwischenbilanz

In der besonderen Evaluation und Beschäftigung mit Atem, Muskeltonus und Bewegung zeigen sich grundlegende Übereinstimmungen mit den Körperpsychotherapien. Während diese das »ganzheitliche energetische Strömen« intendieren, das den Beschreibungen der Diffusion im ondulierenden und wellenförmigen Modus entspricht, und darüber hinaus Entladungsübungen zur Kanalisation einschließen, präzisiert Sexocorporel die neurophysiologischen Zusammenhänge dieser Vorgänge. So zeigt es umfangreiches funktionales Wissen auf, das für Lernfelder der *energetischen* und *praktischen* Kompetenzebenen sehr reichhaltig ist.

Praktische Methoden für die Sexuelle Bildung

Körpergesetze

Desjardins hebt hervor, dass Interventionen auf der Körperebene direkte Rückwirkungen auf die Gesamtheit des Menschen hätten und umgekehrt. So kann die konkrete Arbeit an der Haltung, der Gangart und den Körperschwerpunkten ebenso Veränderungen auf den Ebenen der Emotionen, der Wahrnehmungen oder der Kognitionen erzeugen (vgl. Desjardins, 2010, zit. nach Bischof-Campbell, 2012, S. 13). Elke Lieback beschreibt, wie zunächst über Gehübungen im Raum die Wahrnehmung der Patient_innen auf die Zusammenhänge der Körpergesetze von Atmung, Körperspannungsverhältnissen und Bewegung gelenkt wird. Über die Verschiebung von Haltungsschwerpunkten beim Gehen (Aufrichten, Blick, Becken, Brust, Atmung), dem Spiel mit dem Tempo und Veränderungen der Körperspannungsverhältnisse (Über- oder Unterspannung) können körperliche Auswirkungen direkt gespürt und somit die Selbstwahrnehmung sensibilisiert werden (Interview). Dabei wird erfahrbar, welche Bereiche des eigenen Körpergefühls selbstregulierbar sind und zur Steigerung des Wohlbefindens und der gefühlten Attraktivität beitragen (ebd.). Werden die Körpergesetze beim Gehen deutlich wahrgenommen, lassen sie sich auf die Sexualität übertragen (ebd.).

Muskeltonus und Atem

Der Muskeltonus ist ein entscheidender Faktor für das sexuelle Erleben. Er bestimmt maßgeblich den Erregungsmodus und tangiert den Atemprozess, der ebenso entscheidend für das Lusterleben ist (siehe Kapitel »Model der Erregungsmodi«). Daher finden sich im Sexocorporel Übungen zur Spannung und Entspannung der Muskulatur, die ein konkretes Verständnis und einen leiblichen Zugang zu den Erregungsmodi schaffen. Lieback verdeutlicht, wie zunächst Berührungsqualitäten gekoppelt an unterschiedliche Spannungszustände stellvertretend an Hand oder Arm erprobt werden. Die Erfahrungen können anschließend auf den gesamten Körper und das Genital übertragen werden (Interview).

> »Viele Übungen zeigen wir an der Hand, weil es ein guter Vergleich ist. Zarte Berührungen, starke Berührungen, und die übertrage ich jetzt auf meine Vulva und Vagina. Wie fühlt sich das an, wenn ich da so rubbele oder mich ganz zart streichle. Was verändert sich? [...] Wie ist die Wahrnehmung an der Hand, wenn ich die Muskeln loslasse? Und wie ist sie, wenn ich die Hand anspanne? Was verändert sich in meinem Gefühl?« (ebd.).

Neben der Empfindsamkeit sind an den Muskeltonus Ladungs- und Entladungsprozesse gekoppelt. Unter Einsatz verschiedener Körperstellungen (Sitzen, Stehen, Liegen, Knien) und im Spiel mit Muskelspannung und Atemextremen werden weiterhin muskuläre Bedingungen für die Erregungsdiffusion und -kanalisation übend erforscht. So kann das gemeinsame Ausprobieren von »orgastischem Atem«, bewusstem Hyperventilieren, stoßendem Atem, angehaltenem Atem sowie stimmhaftem Stöhnen im direkten Zusammenhang mit dem Muskeltonus exploriert werden. Darüber hinaus steht die Art der Atmung in Verbindung mit dem individuellen sexuellen Ausdruck und dem emotionalen Entladungsvorgang.

Insbesondere die sogenannte »Doppelte Schaukel«, die Becken und Schultern gleichzeitig in einer fließenden Feinabstimmung in der Körperachse bewegt und mit einer entspannten tiefen Bauchatmung einhergeht, wird im Sexocorporel hervorgehoben. An ihr werden begünstigende Bedingungen des wellenförmigen Erregungsmodus erforscht und gemeinsam erprobt (vgl. Wirth, 2013a, S. 28).

Zwischenbilanz
Atmung, Muskeltonus und Bewegung bilden die Grundlage für die Typologie der Erregungsmuster, die zwar in der Regel automatisiert und unbewusst verankert sind, dennoch jenseits der Sexualreflexe in den willkürlichen Bereich menschlicher Sexualität fallen. Aufgrund dessen können hier Lernschritte erfolgen, die das Spektrum des sexuellen Erlebens erweitern und bereichern. Sowohl die energetische, praktische als auch die tiefere körperliche sexuelle Kompetenzebene werden in den Übungen angesprochen.

Sexuelle Selbstsicherheit und Vaginalität

Der Sexocorporel hebt die Wichtigkeit der *sexuellen Selbstsicherheit* und das damit verbundene *Geschlechtszugehörigkeitsgefühl* hervor. Diese Aspekte werden der sogenannten *sexodynamischen Komponente*, der Sexualität im Sexocorporel zugeschrieben (vgl. Gehrig, 2013, S. 3). Aufgrund des dargestellten Ungleichgewichts zwischen Körper-Haben und Leib-Sein und der unmittelbaren Bedeutung von Körperkonzepten für die Wahrnehmung des eigenen Körpers werden diese Aspekte hier aus Sicht des Sexocorporel ebenfalls aufgenommen

»Als zentralen Anker des sexuellen Erlebens der Frau definiert der Sexocorporel die *sexuelle Selbstsicherheit* – den Stolz auf die eigene Weiblichkeit« (Bischof-Campbell, 2012, S. 29). Dieses Konstrukt schließt einen selbst- und einen fremdbezogenen Aspekt ein. Während es in der Selbstbezogenheit um das Gefühl der eigenen sexuellen Attraktivität geht, betont der fremdbezogene Aspekt, sich mit Stolz und Selbstbewusstsein in der eigenen »Weiblichkeit« zu zeigen, so Desjardins (vgl. Desjardins et al., 2010, zit. nach Bischof-Campbell, 2012, S. 29). Dieser Stolz bezieht sich auf den eigenen Körper und im Besonderen auf das Genital. Weiter umfasst es den Stolz auf die Fähigkeit, Genital und Erregung zu zeigen. Die Aneignung und Erotisierung des Genitals (Vaginalität) spiele deshalb eine wesentliche Rolle für die sexuelle Selbstsicherheit (vgl. Bischof, 2010, S. 23). Aus therapeutischer Sicht wird in Bezug auf die Vaginalität ein hoher Lernbedarf geäußert, da die meisten sexuellen Störungen von Frauen (Dyspareunie, Vaginismus, fehlendes sexuelles Begehren) auf eine wenig entwickelte Aneignung des Genitals schließen ließen, so Bischof. Wird das Genital positiv in das Körperbild integriert, könne sich dies auf das sexuelle Begehren, die Genussfähigkeit sowie auf das Gefühl der eigenen »Weiblichkeit« steigernd auswirken. Über die Aneignung des vaginalen Innenraums und dessen Erotisierung kann weiterhin das lustvolle Erleben von Penetration (Penis, Finger, Objekte) begünstigt werden *(Rezeptivität)*. Um die Vaginalität zu unterstützen, werden Selbstexplorationen mit den Händen oder einem Spiegel sowie das Ausprobieren vielfältiger Arten von Selbstbefriedigung als Übungsfeld angeregt (vgl. Bischof, 2008, S. 23f.).

Zwischenbilanz

In der Betonung des »Stolzes auf das eigene Geschlecht und die Weiblichkeit« sieht Sexocorporel aus klinischer Perspektive direkte funktionale Zusammenhänge zum sexuellen Erleben. Daraus können Übungen übernommen bzw. abgeleitet werden. Im Sinne der emanzipatorischen Sexuellen Bildung müssen jedoch Begrifflichkeiten wie Weiblichkeit und Geschlechtszugehörigkeitsgefühl immer auch diskursiv mitgedacht und gegebenenfalls im Gruppenprozess reflektiert werden, um Offenheit und Vielfalt gewährleisten zu können.

Fazit des Kapitels

In seiner Ganzheitlichkeit, in der Zentrierung auf lebenslange sexuelle Lernprozesse und in seiner hervorgehobenen Körperorientierung können umfangreiche Ressourcen aus dem Ansatz des Sexocorporel für die Sexuelle Bildung erschlossen werden. Ebenso kann die lustbetonte Grundhaltung als Einladung für Neugier, Spiel und Selbstexperiment in der Gestaltung von Lern- und Erfahrungsräumen aufgenommen werden. Vor allem die Handlungsanregungen im Zusammenhang mit den Erregungsmodi und der genitalen Aneignung können der Erweiterung des sexuellen Spielraums und der Stärkung der sexuellen Selbstsicherheit dienen. Für die Betrachtung der körperorientierten Kompetenzebenen können die in Tabelle 4 dargestellten Anleihen gemacht werden.

Energetische Ebene	• Aktivierung und Selbstregulierung sexueller Energien durch: ◦ Spiel mit Atem und Stimme ◦ Spiel mit Muskeltonus ◦ Spiel mit Bewegungsraum ◦ Spiel mit dem Rhythmus der Bewegung
Praktische Ebene	Praktische Lernimpulse zu den sog. Erregungsmodi zur Erweiterung des sexuellen Erlebens ◦ Konkrete Bewegungen (»Doppelte Schaukel«) ◦ Atemeinsatz für die Diffusion und Kanalisation der Erregung • Selbstexploration • Qualitative Erforschung unterschiedlicher Berührungsarten
Tiefere körperliche Ebene	• Selbstwahrnehmungsübungen • Loslassen und Entspannen über die bewusste Regulierung von Muskeltonus und Atmung

Tab. 4: Resultate Sexocorporel für die differenzierte Körperbildung

Die Schwerpunkte Atmung, Muskeltonus und Bewegung, wie sie sich bereits bei den Körperpsychotherapien gezeigt haben, werden bei Sexocorporel ebenso herausgestellt. Daneben wird ein besonderer Bedarf in der Stärkung der sexuellen Selbstsicherheit gesehen, die unmittelbaren Einfluss auf das sexuelle Erleben habe. Übungen und Reflexionen, die Ressourcen für ein positiv erfahrenes Körperbild und ein genitales Selbstbild bereitstellen, sollten deshalb ebenso methodisch Eingang in die Sexuelle Bildung finden. Sie korrelieren inhaltlich mit dem Aspekt des Selbst-Bewusstseins und des »Selbst-Gespürs« der Körpertherapien.

Tantra

Tantra hebt sich als »Sexualkultur« von den therapeutischen Ansätzen deutlich ab. Durch seine explizite Lustbejahung und Körperorientierung lassen sich im Tantra reichhaltige Ressourcen vermuten, die mit Körperwissen und -methoden der therapeutischen Ansätze korrespondieren und die Sexuelle Bildung bereichern können. Tantrische Zusammenhänge müssen aufgrund der außereuropäischen Eingebundenheit ausführlicher behandelt werden. Die Quellensituation stellt sich beim Tantra vielschichtig dar. Kulturhistorische und religionswissenschaftliche Quellen zum traditionellen Tantra sind verfügbar, jedoch für die praktische Zielsetzung der vorliegenden Arbeit wenig brauchbar. Neo-Tantra hingegen wird bisher in der modernen Wissenschaft kaum verhandelt. Vor allem über Valtl und Wirth lassen sich aufbereitete Grundlagen finden. Für die Erschließung von Körperkonzepten und Methoden wird zusätzlich auf Schriften spiritueller Lehrer_innen, esoterische Ratgeberliteratur und die Methodensammlung eines größeren Tantra-Instituts (BeFree-Tantra-Institut Speyer) zurückgegriffen (»graue Literatur«). Zur Anreicherung und Konkretisierung der Praxis wird darüber hinaus ein Expertinneninterview mit Regina Heckert, Leiterin des BeFree-Tantra-Instituts, genutzt.

Hintergründe

Tantra ist ein Begriff aus dem Sanskrit, der eine Vielzahl von Übersetzungsmöglichkeiten aufweist. So kann er als »Verwobenheit« im

Sinne der Interdependenz alles Existierenden, als »Kontinuität« im Sinne eines allgegenwärtigen roten Fadens oder als das »Entfalten« im Sinne von Ausdehnung allen Potenzials gelesen werden, um nur einige Möglichkeiten aufzugreifen (vgl. Eliade, 1954; Valtl, 2004, S. 166). Diese Vielfältigkeit zeigt sich ebenso in der Art, wie Tantra in seiner Geschichte und modernen Adaption praktiziert wird. Um eine Annäherung zu ermöglichen, muss zwischen dem traditionellen Tantra und dem Neo-Tantra, das sich in der abendländischen Kultur als Fusion verschiedener Disziplinen in jüngerer Geschichte etabliert hat, unterschieden werden.

Traditionelles Tantra: Definition und historische Einbettung

Traditionelles Tantra ist ein non-dualistischer spiritueller Pfad, dessen zeitlicher Ursprung umstritten ist. Nach Angaben von Wirth ist Tantra ca. im 5. Jahrhundert unserer Zeit in Indien aufgekommen, breitete sich schnell aus und hatte seine Blütezeit bis etwa zum 13. Jahrhundert. Tantra entwickelte sich aus verschiedenen Strömungen der indischen Religionen des Hinduismus und Buddhismus (vgl. Wirth, 2010c). Darüber hinaus speist es sich aus älteren Quellen, die sowohl volkstümliche indische Elemente wie rituelle Magie als auch Elemente aus der vorvedischen indischen Hochkultur sowie solche aus dem Schamanismus in den Bergregionen einbinden. Daher kann von einer Synthese unterschiedlicher Strömungen aus dem indischen und asiatischen Raum gesprochen werden (vgl. ebd.). Die Tradition ist in den Quellen nicht einheitlich charakterisiert. Zur Grundorientierung wird Tantra hier vereinfacht nach Gampopa als eine Philosophie, ein Meditationssystem und ein spiritueller Pfad zur *Erleuchtung* angesehen, die sich auf die Tantras, die tantrischen Lehren, beziehen (vgl. Valtl, 2004, S. 166). Der Erleuchtungsbegriff ist grundlegend für das Verständnis von Tantra. Er bedeutet im Sinne buddhistisch-hinduistischen Bestrebens eine dauerhafte Einsicht in die gesamtheitliche Wirklichkeit, wird auch als »Erwachen« oder »vollkommene Selbsterkenntnis« beschrieben (vgl. Waldenfels, 1987, S. 152). Die tantrischen Lehren, auf deren Grundlage die Erleuchtung angestrebt wird, stützen sich auf unterschiedliche Inhalte. Sie nutzen zum einen

Forschungserkenntnisse aus jahrtausendealter traditioneller indischer und tibetischer Wissenschaft. Diese hat überexakte Verfahren das menschliche Bewusstsein und energetische Zusammenhänge zwischen Körper und Geist erforscht und nutzbar gemacht. Weiterhin schließen die Lehren spirituelle Erkenntnisprozesse ein. Subjektiv erfahrbares Wissen, das über Meditationen sowohl physisch als auch »feinstofflich«-energetisch zugänglich wird, ist neben objektiven Erkenntnissen gleichwertig anerkannt. Da das Wissen der Lehre in seiner Vieldimensionalität nicht vollständig in Büchern dargestellt werden kann, wird Tantra über konkrete Erfahrungen, Experimente und praktische Übungen in Begleitung eines Lehrers zu einem direkten Schulungsweg (vgl. Valtl, 2004, S. 166f.). Während ähnliche Beschreibungen auch auf andere spirituelle Lehren zutreffen, unterscheidet sich Tantra zumindest in den sogenannten *linkshändigen* Strömungen, die im Gegensatz zu den *rechtshändigen* Strömungen explizit eine *Lust- und Weltbejahung einschließen, deutlich.* Der Körper, die Sinnlichkeit und die Sexualität werden darin im besonderen Maße als Vehikel zur tieferen Selbsterkenntnis und zur Erleuchtung genutzt (vgl. Wirth, 2010d; vgl. Wirth, 2010f).

Die konkrete tantrische Praxis kann über zwei Hauptsäulen charakterisiert werden: die *tägliche Übung (Sadhana)*, eine umfangreiche energetische Aktivierung und innere Sammlung über vielfältige Meditationsformen, Yoga und Atemtechniken, und das *tantrische Ritual*, eine sakrale Handlung, die die sexuelle Vereinigung einschließt (vgl. Wirth, 2010a). Die traditionelle Praxis zeigt eine hohe kulturverwobene Komplexität auf. Tiefergehende Ergründungen, die an eine umfangreiche kulturhistorische und religionswissenschaftliche Erörterung gebunden sind, müssen zugunsten des vorliegenden Fokus vernachlässigt werden (detailliert in: Eliade & Reschika, 2012; Shaw, 2000; Wirth, 2011).

Neo-Tantra: Definition und historische Einbettung

Unter der Überschrift *Neo-Tantra* verbirgt sich eine Synthese aus traditioneller östlicher Kulturpraxis und westlichen Selbsterfahrungs- und Therapieansätzen. Vor allem über den indischen Meditationslehrer und Begründer der Neo-Sannyas-Bewegung Osho (1931–1990; alias Bhagwan bzw. Rajneesh) wurden in den 1960er und 1970er Jahren östliche Philosophie, Spiritualität und damit verbundene Kulturtechniken in Formate transformiert, die abendländisch sozialisierten Menschen leichteren Zugang ermöglichen. Osho, der selbst kein traditioneller Tantriker war, nahm in den progressiven und weltbejahenden Elementen der tantrischen Tradition revolutionäres Potenzial wahr. Er sah es als Aufgabe der Moderne an, Tantra von seinem ritualistischen und traditionellen Ballast zu befreien und aus dessen Themenvielfalt die Sexualität in den Vordergrund zu heben, um der weitverbreiteten sexualfeindlichen Kultur etwas entgegenzustellen (vgl. Wirth, 2011, S. 106f.). Anhand dieser neuen Formate konfrontierte Osho in der Zeit der Sexuellen Revolution den Westen mit den tantrischen Lehren (vgl. Valtl, 2004, S. 164). Über seine Schüler_innen, allen voran Alan Lowen, Margot Anand und Andro Andreas Rothe, fanden diese Impulse seither vor allem über neo-tantrische Gruppenseminare in Europa und den USA Verbreitung (vgl. Wirth, 2011, S. 107).

Während aus östlicher Praxis Atemtechniken, Meditation, Yoga und Formen der Ritualisierung von Sexualität adaptiert wurden, reicherte sich das Neo-Tantra außerdem mit Methoden aus Körpertherapien vor allem der reichianischen Tradition an. Je nach professioneller Herkunft des Tantra-Anbieters lassen sich auch weitere Synthesen mit systemischer Aufstellungsarbeit, Zen-Meditation, Massagen, Tanz und traditioneller Sexueller Bildung finden. Neo-Tantra ist ein offenes System, das viel Spielraum lässt. Dadurch wird es allerdings auch zu einem wenig generalisierbaren Sammelbecken verschiedenster Angebote (vgl. ebd., S. 107ff.). Der Quellenreichtum lässt auf ein vielfältiges Repertoire körperorientierter Methoden schließen, die für die Sexuelle Bildung ergründet werden können. Die große Vermischung an Verfahren und Interpretationsweisen stellt jedoch eine Herausforderung dar, diese in Herkunft und Wirkweisen zu verorten.

Die Anbieter neo-tantrischer Gruppen heben in der Formulierung ihrer Zielsetzung besonders das sexuelle Wohlbefinden hervor. Der Zugang zum eigenen Körper, zu Sinnlichkeit, Genuss und Sexualität soll unterstützt werden. Darüber hinaus werden teilweise auch therapeutische Ziele einbezogen, so zum Beispiel das Zulassen der eigenen Gefühlswelt, die Heilung des »inneren Kindes« bzw. die Entwicklung der eigenen Liebesfähigkeit. Die Akzentuierung der spirituellen Dimension variiert dabei stark (vgl. ebd., S. 107ff.). Tantra-Institute bieten auch geschlechtsspezifische Gruppen an. In den Gruppen, die sich an Frauen richten, stehen sexuelle Aneignungsprozesse im Mittelpunkt (vgl. Kapitel »Bestandsaufnahme«).

Ferner stellen im Neo-Tantra die sogenannten *Tantra-Massagen*, wie sie seit den 1990er Jahren bezeichnet werden, eine Besonderheit dar. Sie stehen nicht im direkten Zusammenhang mit traditioneller Praxis, sondern wurden – von neo-tantrischen Ideen inspiriert – als neue erotische Praktiken maßgeblich von Joe Kramer, Annie Sprinkle und Andreas Rothe entwickelt. Sie sind zu einem wesentlichen Teil tantrischer Gruppenseminare geworden, haben sich darüber hinaus aber auch zu einem eigenständigen Sektor (Tantramassage-Studios) entwickelt (vgl. ebd., S. 107). Inwieweit von ihnen im Rahmen der Sexuellen Bildung profitiert werden kann, soll zu einem späteren Zeitpunkt beleuchtet werden. Im Weiteren werden Grundhaltungen betrachtet, die sowohl von traditioneller als auch neo-tantrischer Sicht erfasst werden.

Ganzheitlichkeit

Tantra basiert auf der Philosophie des *Non-Dualismus*, in dem zwar Unterschiede und Gegensätze anerkannt werden, jedoch als Manifestationen des Gleichen, der großen Einheit gelten. Sowohl menschliche und göttliche Sphäre als auch Geist und Materie werden demnach nur als unterschiedliche Erscheinungsformen der universellen Wirklichkeit angesehen. Auf dieser Annahme basiert der ganzheitliche Blick auf den Menschen. Körper, Seele und Geist werden als untrennbare Einheit verstanden und alle Wesensaspekte werden gleichwertig als Teil des Ganzen integriert (vgl. Valtl, 2004, S. 174f.). Diese Haltung, die auf der tantrischen Tradition beruht, findet sich auch im Neo-Tantra adaptiert wieder. Daraus ergeben sich grundsätzliche Parallelen zu okzidentalen Philosophen wie Spinoza, Merleau-Ponty und Deleuze sowie zu den Körperpsychotherapien und Sexocoporel.

Körperorientierung

Tantrische Praxis ist sowohl traditionell als auch in ihrer neo-tantrischen Erscheinung körperorientiert. Die Körperorientierung fußt hier auf der Welt- und Lustbejahung, durch die der Körper im traditionellen Tantra nicht mehr als »Quelle der Schmerzen«, sondern als »Tempel Gottes« verehrt wird. »Da auch der Körper Abbild der Welt ist, wird er hier zum perfekten Werkzeug für die *Befreiung (Erleuchtung)*« (Wirth, 2010f). Sexualität wird dabei als besonders kraftvolles Mittel zur Bewusstseinserweiterung genutzt, wohingegen Liebe, Partnerschaft und Beziehung in der traditionellen Sicht kaum betrachtet werden (vgl. Wirth, 2010e). Die körperorientierten Techniken stellten sich in der Recherche aufgrund der komplexen Kulturverwobenheit und der starken Ausrichtung auf Erleuchtung als nicht ausreichend zugänglich für die Sexuelle Bildung heraus.

Auch in der neo-tantrischen Adaption steht der Körper im Mittelpunkt, hier jedoch weniger als ein Weg zur Erleuchtung, sondern als Ort der Selbsterfahrung mit dem Potenzial ganzheitlicher Entfaltungsmöglichkeiten. Statt die Selbstwahrnehmung hauptsächlich auf kognitive Identifizierungen mit dem Persönlichkeitskonstrukt zu lenken, wird körperliche Bewusstheit geschult, sodass die »innere Realität« im Körpererleben manifest wird (vgl. Richardson, 2003, S. 50f.). Die Körperorientierung kann hier insgesamt als Schulungsweg zu einem »präsenteren« Leben verstanden werden. Anders als in der Tradition wird der Körper- und Lustbejahung im Neo-Tantra weitestgehend hedonistisch im Sinne sexueller Erweiterung, lustvoller und liebevoller Begegnungen und Beziehungszufriedenheit nachgegangen (vgl. Wirth, 2011, S. 19f.). Durch die bereits vorgenommene Adaption können hier zugängliche Methoden erschlossen werden. Besondere Körperkonzepte, die aus dem Tantra resultieren, werden als theoretische Basis tantrischer Anleihen im späteren Verlauf erläutert.

Spiritualität

Über die Spiritualität setzt sich Tantra im Vergleich zu den bisher untersuchten Ansätzen deutlich ab. Da sie die tantrische Praxis und entsprechend die Techniken durchdringt, muss zum tieferen Verständnis und zur Nutzbarmachung der Quellen für die nicht-ideologisierende emanzipatorische Sexuelle Bildung eine begriffliche Klärung erfolgen.

Spiritualität bedeutet im weitesten Sinne die Anerkennung der Existenz einer geistigen Wirklichkeit. Sie wird unter anderem als eine nach Sinn, Bedeutung und Erkenntnis suchende Lebenseinstellung bezeichnet, bei der der Suchende eine Verbundenheit mit anderen, mit der Natur oder mit dem Göttlichen/Transzendenten spürt (vgl. Sponsel, 2014). Daraus ergeben sich sowohl eine religiöse als auch eine weltliche Lesart. Für die vorliegende Arbeit wird vor allem die philosophische Definition Metzingers zur Orientierung genutzt, die Spiritualität, losgelöst von Glaubenssystemen, vor allem als radikalen Erkenntnisprozess versteht. Er charakterisiert spirituelle Praxis als einen Prozess existenzieller Selbsterkenntnis und Selbstvervollkommnung auf Basis von Erfahrung (vgl. Metzinger, 2010, S. 6f., 47). Die Spiritualität, so zitiert er Krishnamurti, ist »die Unbestechlichkeit des Selbst« und demzufolge eine Seinsform stetiger innerer Überprüfungen (Krishnamurti, 1929, zit. nach ebd., S. 9). Auf Basis dieser Definition können Spiritualität und Glauben bzw. Ideologie gut voneinander unterschieden werden.

Im Tantrischen lassen sich sowohl religiöse als auch weltliche Aspekte finden. Im traditionellen Tantra kann durch seine enge Verwobenheit mit dem Buddhismus und Hinduismus von einer religiös motivierten Suchbewegung ausgegangen werden. Es liegt jedoch aufgrund der Maxime, die subjektive Erkenntnis über den Glauben zu stellen, ebenso eine Abkehr von Glaubenssystemen vor (vgl. Wirth, 2010f). Im Neo-Tantra wird der Begriff oft im Sinne von Bewusstseinserweiterung genutzt, die mit dem Gefühl von innerer und äußerer Einheit einhergehen kann. Regina Heckert versteht Spiritualität als eine tiefe Verankerung im Selbst. Durch Meditationen, Zeiten der Stille, des Innehaltens und des Nachfühlens im Körper kann das »innere Navigationssystem« aktiviert werden, das das Leben aus der inneren Stimmigkeit heraus lenkt (Interview). Auch hier stellt sich Spiritualität als Prüfinstrument im Sinne von Selbsterkenntnis dar. Die spirituelle Dimension im Kontext Sexueller Bildung kann als bereichernde Anregung zur inneren Selbstverankerung verstanden werden. Vor allem meditative Techniken, die Spiritualität einschließen, werden daher im Kapitel »Präsenz« genauer erschlossen.

Zwischenbilanz

In der Darstellung der beiden Formen des Tantra wurde deutlich, dass sich die tantrische Tradition nicht als eine Sexualkultur definieren lässt, sondern als spezifischer sexualitätsbejahender Erleuchtungspfad betrachtet werden muss. Neo-Tantra hingegen hat sich als eine sexuelle Subkultur entwickelt, die spezielle Kulturtechniken der Tradition aufgreift, adaptiert und erweitert. Ganzheitlichkeit, Spiritualität und Körperorientierung sind in beiden Formen auf unterschiedliche Weise verankert. Aufgrund der Kulturverwobenheit, Komplexität und Ausrichtung auf Erleuchtung lassen sich die traditionellen Techniken für die Sexuelle Bildung an dieser Stelle nicht erschließen. Bereits adaptierte und erweiterte Methoden, die aus neo-tantrischen Quellen bezogen werden können, stellen sich als zugänglicher dar. Aufgrund der vielfältigen Interpretationsweisen und esoterischen Prägungen müssen sie für die Nutzbarkeit innerhalb der Sexuellen Bildung gut reflektiert und entideologisiert werden.

Strukturen: Tantra als Lehre

Neo-tantrische Seminare finden im Gruppensetting statt. Im Gegensatz zu den therapeutischen Strukturen stimmt Tantra darin mit dem Bildungsformat überein, das die vorliegende Arbeit anstrebt. Daher gilt es zu beleuchten, auf welches Erfahrungswissen bezüglich körperorientierter Praxis aufgebaut werden kann. Im Folgenden werden daher das Gruppensetting und das besondere Format der rituellen Rahmung als Vorlage für die Sexuelle Bildung untersucht und die damit zusammenhängenden Funktionen der Leitung betrachtet.

Gruppensetting – Lerngemeinschaft

Traditionelles Tantra wurde klassischerweise innerhalb einer Lerngemeinschaft übertragen (vgl. Wirth, 2010f). Das Gruppensetting ist auch ein wichtiger Aspekt des neo-tantrischen Erfahrungsraums. Mit

Ausnahme der erotischen Massagen in Tantra-Massage-Studios, wird im Neo-Tantra kaum individuell gearbeitet. In den Seminaren von Regina Heckert findet zwar eine Verzahnung des Gruppensettings mit individuellen Kurzberatungen statt, um einzelne Anliegen wahrnehmen und individuelle Lernanregungen geben zu können, dennoch liegt der Hauptfokus auf der Gruppenerfahrung (Interview).

Im Gruppensetting werden Seminarteilnehmer_innen – angelehnt an die Tradition – schrittweise in eine andere Art des Wahrnehmens, Fühlens und Denkens hineingeführt, die über das Alltagsbewusstsein hinausgeht (Valtl, 2004, S. 166f.). Tantrische Praxis erzeugt dabei aufgrund der Themen Liebe und Sexualität ein intimes gemeinschaftliches Übungsfeld, in dem der/die Einzelne sich getragen fühlt, so Wirth (ebd., S. 166f). Heckert erklärt, dass die Gruppe einen geschützten Ort ermögliche und als »Labor« oder »Schonraum« fungiere, in dem Haltungen, Techniken und Verhaltensweisen jenseits des Alltags erprobt werden können (Interview). Allein durch die körperliche Praxis schlägt die Gruppendynamik intensiver aus. Dadurch können sich einerseits Lern- und Bewusstseinsprozesse beschleunigen (vgl. Wirth, 2011, S. 227), andererseits auch »kathartische Ereignisse« ausgelöst werden, die von erfahrenem Personal begleitet sein sollten, so Heckert (Interview). Anders als im traditionellen Tantra verstehen sich die Lehrer_innen im Neo-Tantra nicht als Gurus, sondern bevorzugen die Rolle der Therapeut_in oder Begleiter_in. Wirth hebt hervor, dass es für eine verantwortungsvolle Leitung vor allem einer ausgeprägten Menschenkenntnis, eines therapeutisches Feingefühls und selbsterfahrungsgestützter persönlicher Integrität bedarf. Da Tantra jedoch weder ein geschützter Begriff noch an eine Ausbildung gekoppelt ist, besteht hier keine konzeptionelle Grundlage und Qualitätssicherung bezüglich der Leitungskompetenzen (vgl. Wirth, 2011, S. 99, 114). So finden wir hier wiederum Graubereiche vor, die keine klare Orientierung für die Leitungsrolle in der körperorientierten Sexuellen Bildung darstellen. Durch die Leitmotive neotantrischer Seminare von Achtsamkeit, Absichtslosigkeit und Präsenz (vgl. Heckert, 2009b, S. 7) sind jedoch sowohl Leitung als auch Teilnehmende aufgefordert, eigenverantwortlich und sorgsam mit sich und im Umgang mit anderen zu sein. Um das gruppendynamisch intensive Setting verantwortungsvoll halten zu können, werden in vielen Tantra-Instituten Assistent_innen qualifiziert, die zusätzlich das Geschehen begleiten (vgl. Wirth, 2011, S. 227; vgl. Heckert, 2014a).

Besonderes Strukturelement: Das *tantrische Ritual*

Das *tantrische Ritual* bildet eine Besonderheit im tantrischen Setting. Es ist weitestgehend der traditionellen Form entlehnt, die die sexuelle Begegnung zu einer sakralen Handlung erhebt und in hoher Bewusstheit zelebriert (vgl. Valtl, 2004, S. 176). Das neo-tantrische Ritual kann zunächst als ein klarer zeitlich begrenzter Ablauf charakterisiert werden, der einen bewussten und feierlichen Rahmen für die Durchführung einer abgesprochenen Handlung bildet. Je nach Ausrichtung der Tantra-Schule können darin unterschiedliche Kontaktübungen zwischen Teilnehmenden stattfinden. Kontaktübungen reichen dabei vom Augen- und verbalen Kontakt über angeleitete Berührungen und Massagen bis hin zur sexuellen Vereinigung. Auch die Rituale werden in einer Haltung der Absichtslosigkeit durchgeführt. Methoden, die Berührungen einschließen, sind daher nicht auf sexuelle Befriedigung ausgerichtet. Vielmehr kann das Ritual als ein Rahmen betrachtet werden, der die zwischenmenschliche Begegnung und die intime Handlung jenseits von Gewohnheitsmustern und auf einem hohen Energieniveau ermöglicht und transpersonale Erfahrungen (Gefühl der Einheit) begünstigt (vgl. ebd., S. 168, 176f.). Aufgrund dessen wird das tantrische Ritual im Weiteren auf seine Übertragbarkeit in die Sexuelle Bildung genauer untersucht.

Ritualablauf

Der Ablauf setzt sich aus Vorbereitungen, einem Hauptteil und einem Abschluss zusammen. Die Vorbereitungen umfassen zum einen die dekorative Gestaltung des Raums, eine angemessene Körperreinigung und das Anlegen besonderer Kleidung (oftmals wird die Nutzung eines indischen Wickeltuchs empfohlen). Zum anderen wird im Vorfeld die »innere Sammlung« durch Meditation angeregt. Die Vorbereitungen können demzufolge ein bewusst gestaltetes Feld äußerer und innerer Bereitschaft für eine gemeinsame Erfahrung eröffnen. Der Hauptteil wird über eine Reihe von zeremoniellen Elementen gestaltet, die teilweise etablierten Formen folgen, aber auch neu konzipiert werden können. Als einleitende Elemente des Hauptteils werden beispielsweise die gegenseitige Begrüßung und Ehrung als göttliche Wesen (vgl. Valtl, 2004, S. 176f.) sowie die »energetische Abschirmung« des gemeinsamen Erfahrungsraums genannt. Diese erfolgt durch das Einladen von symbolischen unterstützenden Kräften, die individuell für die Durchführenden Bedeutung haben können (z.B. Achtsamkeit, Präsenz, Hingabe, Neugier, Aufrichtigkeit oder auch Lehrer_innen, Heilige, ein individuell verstandener Gott etc.; vgl. Heckert, 2009b, S. 7). Nach der Eröffnung können gemeinsame Meditationen und Atemübungen folgen, die tiefe Begegnungen über Augenkontakt, verbale Zärtlichkeiten oder gegenseitige Berührungen begünstigen (vgl. Valtl, 2004, S. 176f.). Die Kontaktübungen können bekleidet oder nackt vollzogen werden (vgl. Heckert, 2009b, S. 7). Für Frauenseminare seien hier exemplarisch *Zeigerituale* genannt. In den Zeigeritualen können sich Frauen im geschützten Rahmen ihren ganzen Körper, geliebte und ungeliebte Körperstellen oder, mit speziellem Fokus, ihre Brüste bzw. Vulva zeigen und darüber in Austausch kommen (Interview). Auch Massagerituale, bei denen sich Frauen gegenseitig Ganzkörper-, Brust- oder Vulvamassagen geben, können im Hauptteil platziert und angeleitet werden. Über die höhere Bewusstheit und körperliche Sensibilität, die durch die rituelle Haltung entstehen, werden die Teilnehmenden laut Heckert weicher im Fühlen, präsenter in ihrem Körper und offener für die Verbindung zueinander. Die verbale und nonverbale Kommunikation ist daher innerhalb eines Rituals von großer Wichtigkeit. Die empfangende Person wird innerhalb einer Massage aufgefordert, über Sprache, Töne oder Körperreaktionen Feedback zu geben. Dies begünstigt, dem authentischen Körperempfinden zu folgen, aber auch im Kontakt miteinander zu bleiben und Berührungen gemeinsam zu erforschen. Der Abschluss ähnelt dem Beginn, wodurch eine klare Rahmung entsteht. Hier können die Ritualpartner_innen in einen verbalen Austausch über das Erlebte treten, den zuvor eingeladenen Qualitäten danken und sich voneinander bewusst verabschieden (vgl. Heckert, 2009b, S. 7, 15).

Ritualabläufe werden im tantrischen Seminar im Vorfeld in der Regel detailliert von der Leitung oder einem Team demonstriert. Die *Demonstration* dient der besseren Verständigung über die Abläufe. Sie soll den Teilnehmenden die Öffnung für Kontakt und gegebenenfalls Nacktheit und Berührung erleichtern. Ebenso werden Beispiele der eigenen Grenzverwaltung demonstriert, um den Teilnehmenden die Wichtigkeit der inneren Stimmigkeit zu verdeutlichen und sie zur Selbstverantwortung anzuregen. Die Demonstration kann eine intime Sichtbarkeit der Leitung bzw. des Teams erfordern, die Nacktheit durchaus einschließen kann. Für die Übertragung in den Rahmen der Sexuellen Bildung muss diese intime Sichtbarkeit genauer bedacht werden, was zu einem späteren Zeitpunkt erfolgen soll (Kapitel »Intimität im Bildungsrahmen«).

Insgesamt unterstreicht die Darstellung, dass von der Besonderheit tantrischer Modalitäten, die Körperkontakt integriert und sich in der Ritualrahmung erprobt haben, auch im Bildungsrahmen mit jungen erwachsenen Frauen profitiert werden kann. Anzunehmen ist, dass direkte Körperkontakte unter Frauen die energetischen, praktischen und tieferen körperlichen Kompetenzen auf einem hohen Energieniveau aktivieren sowie leibliche Aneignungsprozesse unterstützen. Neben dem Potenzial, im geschützten Rahmen individuelle Körpererfahrungen zu machen, können über den angeleiteten verbalen Austausch die sexuelle Selbstbestimmung und die authentische Grenzverwaltung gestärkt werden. Für die Sexuelle Bildung lässt sich der exotisch anmutende tantrische Rahmen übernehmen. Anhand dessen kann eine neue Erfahrung mit einer spezifischen Sexualkultur gemacht werden. Dieser muss als solcher transparent gemacht werden. Da für die Realisierung von Ritualen laut Valtl jedoch nicht entscheidend ist, inwieweit diese bestimmten Traditionen entsprechen oder selbst kreiert sind, lässt sich der Rahmen ebenso vom exotisch-sakralen Hintergrund entkoppeln und kann als anregende Vorlage von Leitung und Teilnehmer_innen kreativ neu besetzt werden (vgl. Valtl, 2004, S. 176f.).

Zwischenbilanz

Aus der intensiven körperbezogenen Praxis in Gruppen, die dem hier intendierten Konzept weitestgehend entspricht, sind erprobte Strukturen neo-tantrischer Seminare für Sexuelle Bildungsseminare interessant. Körperarbeit kann zu einer intensiven Gruppendynamik führen. Daher sind entsprechende Leitungskompetenzen erforderlich. Die Leitung im Team bzw. mit erfahrenen Assistent_innen kann als Orientierung für die Sexuelle Bildung gewinnbringend aufgegriffen werden. Das Leitmotiv der Achtsamkeit dient als Unterstützung, um eigenverantwortlich durch Selbsterfahrungsprozesse zu gehen. Das »tantrische Ritual« ist eine bereichernde Vorlage für die kreative Gestaltung eines sinnlichen Settings und bietet einen Schutzraum für Methoden mit hohem Intimitätsgrad.

Theoretische Basis für die körperorientierten Anleihen

Während die Strukturen der tantrischen »Lehre« einem hiesigen Bildungsverständnis zugänglich und auf die Sexuelle Bildung übertragbar sind, fußen die Inhalte auf Körperkonzepten, die in Mitteleuropa im Allgemeinen weniger bekannt sind. Um konkrete Techniken einzuordnen, von ihnen profitieren und sie adaptieren zu können, müssen die dem Tantra zugrunde liegenden Körperkonzepte nachvollzogen werden.

Körperkonzept: Chakra-Lehre

Die traditionelle tantrische Theorie zum menschlichen Körper, die vom Neo-Tantra übernommen worden ist, unterscheidet sich kaum von den Ideen des *Yoga*. Sie geht von drei Körpern aus: dem anatomisch beschreibbaren materiellen *grobstofflichen Körper*, einem *feinstofflichen Subtilkörper*, der den Fluss der Lebensenergie sowie Gefühls- und Denkorgane beinhaltet, und zuletzt dem *Kausalkörper* als Träger der »karmischen Substanz« (vgl. Wirth, 2010b). Aufgrund der Körperorientierung dieser Arbeit soll der Kausalkörper vernachlässigt und das Verständnis des feinstofflichen Körpers vertieft werden. Feinstofflichkeit bezeichnet zunächst eine hypothetische Form von Materie, die als feiner und beweglicher als der des grobstofflichen Körpers angenommen wird. Im Tantra wird der feinstoffliche Körper als Double des grobstofflichen Körpers beschrieben; er sei nur energetisch erfassbar, durchdringe den gesamten anatomischen Körper und stehe mit diesem in enger Wechselwirkung (vgl. ebd.; Valtl, 2004, S. 175). Er weist eine eigene Anatomie auf, dessen Hauptzentralen die *Chakren* darstellen. Während die Hindu-Tradition diese als Organe anerkennt, deren Hauptenergieknotenpunkte entlang der Wirbelsäule verlaufen, werden sie in buddhistischen Tantra-Traditionen als innere Konzentrationsbilder ohne ontologische Realität betrachtet (vgl. Wirth, 2010b). Gleich welcher Anschauung man folgt, legt »die Bedeutung des Wortes *Chakra* (Rad) nahe«, so Wirth, »dass die Zentren in Bewegung sind. Ein Chakra gleicht einem wirbelnden Energiestrudel am Verbindungspunkt zwischen Körper und Geist« (Wirth, 2010g). Neben der energetischen Bedeutung werden den Chakren oft auch bestimmte menschliche Grundqualitäten zugeschrieben, die in Meditationsformen einfließen (vgl. Valtl, 2004, S. 175; Wirth, 2011, S. 71). Über eine intensive Atmung – beispielsweise in der *Chakra-Atmung*, die mit einer Visualisierung der Chakren einhergeht – werde der feinstoffliche Körper aktiviert. Dadurch könne die *Lebensenergie (Kundalini-Energie)* vom unteren in das oberste Chakra strömen (vgl. Wirth, 2010b). Während die Kundalini-Energie im traditionellen Tantra zur Erlangung der Erleuchtung bedeutend war, dient sie im Neo-Tantra allgemeinen Vitalisierungsprozessen.

Interessant für die vorliegende Arbeit ist hier der Aspekt, dass gemäß der Chakra-Lehre auch Prozesse, die in der westlichen Psychologie als rein innerpsychisch angesehen werden, ein körperliches Korrelat aufweisen. Dadurch, dass Gedanken und Gefühle als Energien wahrgenommen werden, die im Körper an bestimmten Orten lokalisiert werden können, wird die Leib-Seele-Durchdringung konkret (vgl. Valtl, 2004, S. 175). Hier können direkte Querverbindungen zu den Muskelpanzerungen körperpsychotherapeutischer Ansätze hergestellt werden. Während dort chronifizierte Muskelspannungen aufgezeigt werden, an denen Emotionen und Energien festgehalten sind, lassen sich im Tantra entsprechende Formulierungen finden, zum Beispiel, dass es in den Chakren Energieblockaden gebe, die den Energiefluss hemmten.

Je durchlässiger ein Mensch für die energetischen Prozesse sei, desto intensiver und befriedigender gestalteten sich sowohl sein eigenes Erleben als auch der Energieaustausch in der sexuellen Begegnung (vgl. ebd., S. 175).

Da es keinen wissenschaftlichen Nachweis für die Existenz der Chakren gibt, regt Hofer an, sie zwar als bereichernde Meditationsvorlage zu nutzen, jedoch nicht dogmatisch zu verwenden (vgl. Wirth, 2011, S. 71; OWK, 2003, S. 26).

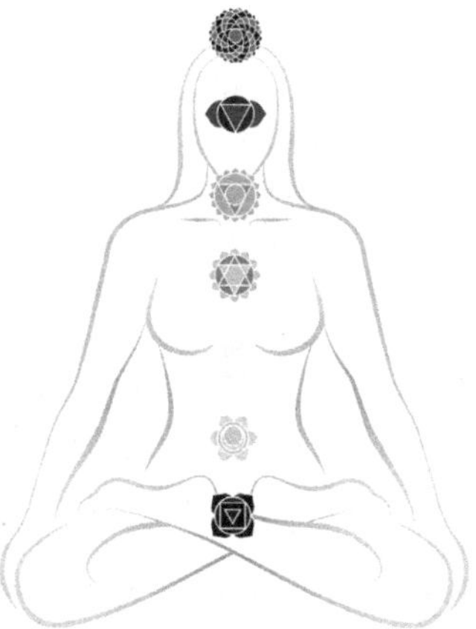

Abb. 4: Die sieben Chakren

Zwischenbilanz

Das Körperkonzept der Chakra-Lehre untermauert die Ganzheitlichkeit und damit den Aspekt des Leib-Seins im Tantra. Für die Sexuelle Bildung kann die Chakra-Lehre als anregendes Bild dienen. Es könnten damit vitale Prozesse im Körper erforscht, Methoden wie das Chakra-Atmen als Konzept aus einer nichteuropäischen Kultur eingeordnet und unterfüttert werden. Aufgrund des fehlenden Nachweises der Existenz von Chakren sollte das Konzept jedoch nicht als Lehre vermittelt werden, um die Ideologiefreiheit in der Sexuellen Bildung zu gewährleisten.

Körperkonzept: Energetische Polarität

In (neo-)tantrischen Quellen lässt sich ein weiteres Körperkonzept finden, das von einer energetischen Polung innerhalb des feinstofflichen Körpers ausgeht. Im traditionellen Tantra wird über die dualistische Grundidee von der gleichzeitigen Existenz weiblicher und männlicher Energiepole im Körper ausgegangen. Diese allgemeine bisexuelle Grundeigenschaft ermögliche unterschiedliche qualitative Dynamiken im Liebesspiel (vgl. Douglas & Slinger, 2004, S. 16). Diese Grundidee wird in einigen Ansätzen des Neo-Tantra polarisierender postuliert. Diana Richardson, direkte Schülerin von Osho, verbreitete das Konzept von einem inneren »Magnetfeld« des »feinstofflichen Subtilkörpers«, das sich zwischen einem »negativ« und einem »positiv geladenen Pol« einstelle. Während der männliche Körper den positiven Pol in den Genitalien *(Lingam)* und den negativen Pol in der Brustgegend trage, befinde sich beim weiblichen Körper der positive Pol in den Brüsten und der negative Pol im Genital *(Yoni)* (vgl. Richardson, 2003, S. 39). Über die subtile Polarisierung bilde folglich jeder Körper ein unabhängiges magnetisches System *(magnetischer Stab)*, das in sich Energie erzeugen und zirkulieren lassen könne (vgl. Richardson, 2004, S. 24). Aus diesem magnetischen Verständnis heraus trägt besonders die Stärkung des geschlechtsspezifischen positiven Pols zur Intensivierung der sexuellen Lust bei. Wird der positive Pol aktiviert und gestärkt, reagiert der negative Pol und wird indirekt magnetisch aufgeladen (vgl. Abb. 5). Auf diese Weise bildet das Konzept der Polarität die Grundlage für die besondere Aufmerksamkeit, die Neo-Tantra den weiblichen Brüsten widmet.

Weiterhin besagt das Konzept, dass aufgrund der Gegenpolarisierung zwischen den Geschlechtern der Energiefluss jenseits des inneren magnetischen Stabes über die sexuelle Vereinigung potenziert werden kann (vgl. Abb. 6). Die Idee des Magnetismus ist sehr kritisch zu betrachten, da sie die gegengeschlechtliche Anziehung als die »natürliche« Orientierung propagiert und damit Heteronormativität bekräftigt. Homosexualität wird in dieser Darstellung implizit über die logische Abstoßung gleicher Polarisierung negiert und somit unnatürlich (vgl. Richardson, 2004, S. 60f.). Entgegen dekonstruktivistischen

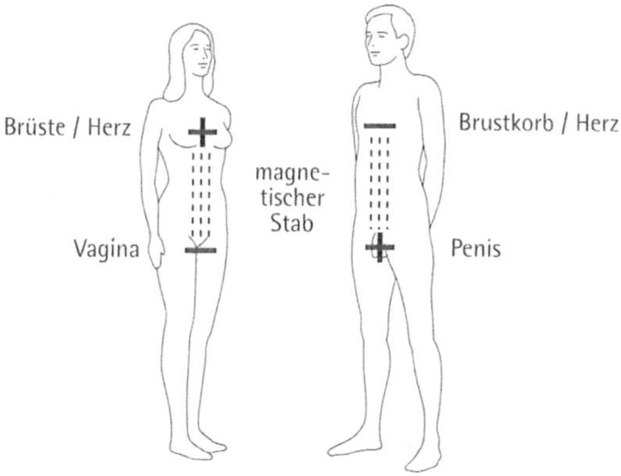

Abb. 5: Der magnetische Stab (Richardson, 2003, S. 38)

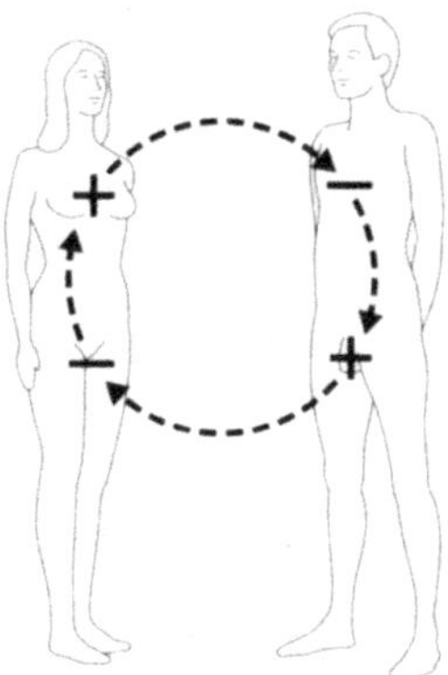

Abb. 6: Die energetische Kreisbewegung (Richardson, 2003, S. 40)

Ansätzen der modernen Gender Studies und der Sexuellen Bildung treten auf Grundlage dieses Körperkonzepts darüber hinaus Tendenzen auf, die die Geschlechter auch im Verhalten verklärend polarisieren und zur Indoktrination einschränkender Geschlechtszuschreibungen führen (vgl. ebd., S. 24).

Zwischenbilanz

Das neo-tantrisch modifizierte Körperkonzept der energetischen Polarität sollte in seiner zur Einseitigkeit neigenden Erklärungsweise nicht Eingang in den Rahmen der Sexuellen Bildung finden. Trotz des ideologischen Gehalts führt dieses Körperkonzept zu Methoden, die die individuelle Aneigung der weiblichen Brüste stärken und somit für die Sexuelle Bildung von Frauen überprüft und entideologisiert werden können.

Praktische Methoden für die Sexuelle Bildung

Während die Hintergründe sich sowohl aus traditioneller als auch aus moderner Praxis speisen, werden im Folgenden aufgrund der bereits vollzogenen Adaptionen an die abendländische Kultur neo-tantrische Methoden konkretisiert. Anders als im traditionellen Tantra werden darin die Techniken und ihre vollständige virtuose Beherrschung nicht als ausschlaggebend angesehen. Heckert stellt sie vielmehr als Hilfsmittel dar, um an ihnen eine Erfahrung zu machen, bis ein eigener Zugang zu einer bestimmten inneren Qualität entwickelt worden ist und es keiner besonderen durchgeleiteten Methode mehr bedarf (Interview).

Präsenz

Die *Präsenz* bildet in allen tantrischen Modalitäten sowohl Basis als auch Ziel und wird über Achtsamkeits- und Meditationstechniken geschult. Valtl definiert Präsenz als einen Zustand, der es ermöglicht, »ganz im gegenwärtigen Augenblick zu sein, sich nicht von inneren und äußeren Ablenkungen einfangen zu lassen, sondern mit den Gefühlen und Wahrnehmungen des Augenblicks verweilen zu können, *sein* zu können« (Valtl, 2004, S. 170). Präsenz bedeutet auch, das Erleben nicht anhand von Vorstellungen, Wünschen und Befürchtungen ändern zu wollen, sondern als das anzunehmen, was es gegenwärtig ist (vgl. ebd.). Über verschiedene Meditationstechniken, die auch jenseits tantrischer Zusammenhänge zum Beispiel im säkularen MBSR-

Training genutzt werden, kann sich durch eine stetige Ausrichtung der Aufmerksamkeit auf die Gegenwart eine radikale Veränderung des Selbsterlebens vollziehen, so Kabat-Zinn. Indem achtsam in den Körper hineingespürt wird, ohne Urteile über das Erlebte zu fällen, wird das eigene Körpergefühl gestärkt, differenziert und vitalisiert (vgl. Kabat-Zinn & Kappen, 2013, S. 113f.). Auch für das sexuelle Erleben zeichnen sich deutliche Konsequenzen ab. Die Präsenz erhöht die Wahrnehmungsoffenheit gegenüber dem, was im Augenblick erregt, wie sich das eigene Begehren, die Erregung, die Lust und Befriedigung entfalten und verschließen wollen. Folglich wird einerseits die Wahrnehmung von Grenzen geschult. Andererseits wird die Kompetenz gestärkt, dem Körper und seinen Impulsen zu folgen, und somit authentisch und spontan agieren zu können. In der Wahrnehmungsoffenheit kann das Gegenüber in seiner unverwechselbaren Eigenart intensiver und zunehmend losgelöster von konventionellen Vorstellungen, Meinungen, Schubladen wahrgenommen werden (vgl. Valtl, 2004, S. 171).

Präsenzübungen sind weitestgehend Meditationen und Achtsamkeitsübungen. Sie fokussieren sich auf die Atmung, bestimmte Körperregionen oder die Sinne (vgl. Richardson, 2003, S. 109ff.). In Atemmeditationen wird die Aufmerksamkeit bewusst auf den Atem gerichtet, im *Body-Scan* auf die Innenwahrnehmung des Körpers (vgl. Kabat-Zinn & Kappen, 2013, S. 113f.) und in aktiven Geh-Meditationen auf die Füße, das Becken, das Gesäß, die Brüste etc. Dabei wird weder dem Atem noch bestimmten Körperteilen eine herausgehobene Wichtigkeit zugeschrieben. Vielmehr wird jede Technik als Hilfsmittel gesehen, sich stärker mit der inneren Gegenwart zu verbinden (Interview).

Zwischenbilanz

Für die Sexuelle Bildung kann der Aspekt der Präsenz als Grundhaltung bereichernd übernommen werden. Achtsamkeitsübungen bzw. verschiedene Formen der Meditation können im Sinne der vorliegenden Arbeit als Ressource für die tiefere körperliche Kompetenzebene betrachtet werden, die sexuelle Aneignungsprozesse und die Stärkung sinnlicher Präsenz begünstigt.

Atem

Atemarbeit kann wie oben beschrieben als Teil der Präsenzschulung angesehen werden. Darüber hinaus werden über Atemtechniken aber auch Energetisierungsprozesse evoziert. Atemmeditationen haben positive Auswirkungen auf die allgemeine Gesundheit, die psychische Ausgeglichenheit und das Wohlbefinden eines Menschen, so die Erfahrungen von Tantra-Lehrer_innen und Meditationsforscher_innen (vgl. Odier, 2013, S. 48; Ott & Hölzel, 2011, S. 5). In den tantrischen Ansätzen finden sich Verweise auf unterschiedliche Atemtechniken. Margot Anand hebt besonders zwei Atemqualitäten tantrischer Praxis hervor: die *subtile* und die *aktive Atmung*.

Die subtile Atmung, auch als beruhigende Atmung bezeichnet, geschieht durch die Nase. Sie wirkt sich begünstigend auf den Parasympathikus aus und fördert die »Zentrierung«, die Konzentration und die Meditation. Insgesamt entschleunigt sie Stoffwechselprozesse. Ihre Wirksamkeit steigert sich in erhöhter Langsamkeit. Sie ermöglicht eine intensivere Wahrnehmung des Körpers, da sie die Aktivität des Verstandes verringert (vgl. Anand, 1997, S. 23). Sie begünstigt den Zustand innerer Ruhe, Gelassenheit und Kontaktbereitschaft (vgl. Richardson, 2003, S. 81f.). Die subtile Atmung wird beispielsweise in der stillen Atemmeditation (vgl. Rajneesh, 2002, S. 109f.; Kabat-Zinn & Kappen, 2013, S. 84f.), beim Body-Scan (vgl. Kabat-Zinn & Kappen, 2013, S. 125ff.) oder für genital ausgerichtete Atem-Meditationen (Yoni-Atmen; vgl. Heckert, 2014a) genutzt. Auch das Tönen (vgl. Rajneesh, 2002, S. 96f.) kann als stimmhafte Atemmeditation angesehen werden, die dem verlangsamten Atem entspricht.

Die aktive Atmung hingegen geschieht durch den Mund. Sie wirkt sich laut Anand begünstigend auf den Sympathikus aus und dient der Spannungsentladung, der Ausscheidung von Giften und dem Ausdruck von Emotionen. Sie beschleunigt Stoffwechselprozesse und unterstützt den explosiven, nach außen gerichteten Orgasmus (vgl. Anand, 1997, S. 23f.). Je mehr Energie sich im Körper über die Atmung auflädt, desto intensiver kann diese sich beim Orgasmus entladen, was als Befriedigung erlebt wird. So kann es hilfreich sein, vor sexuellen Begegnungen das eigene bzw. gemeinsame Energieniveau durch Atemübungen zu erhöhen. Die Intensivierung des sexuellen Erlebens über den Atem wird hier höher eingeschätzt als die genitale Stimulation (vgl. Valtl, 2004, S. 173). Die Wirksamkeit der aktiven Atmung steigert sich über die Frequenz (vgl. Anand, 1997, S. 23f.). Das aktive Atmen, vor allem in erhöhter Geschwindigkeit, wird viel in den von Osho modifizierten Meditationsformen angeregt, so zum Beispiel beim Chakra-Atmen (vgl. Rajneesh, 2002, S. 75f.). Doch auch der bewusste Einsatz der Atmung muss, wie auch die Bioenergetik betont, als Lernprozess gesehen werden. Größere Mengen von Energie können sich nur im Körper aufbauen, wenn gleichzeitig die Fähigkeit geübt wird, diese Energie zu halten, so Valtl (vgl. 2004, S. 173).

Zwischenbilanz

In tantrischen Quellen lassen sich konkretere Ausführungen zu Atemtechniken finden, die als Ressource für die körperorientierten Kompetenzebenen in der Sexuellen Bildung genutzt werden können. Es werden Parallelen sowohl zu den Energetisierungsübungen der Körperpsychotherapien als auch zu den Erregungsmodi von Sexocorporel deutlich.

Muskeltonus

Auch im Tantra wird dem Muskeltonus besondere Aufmerksamkeit gewidmet. Dabei wird eine Akzentuierung auf den Zustand der Entspanntheit deutlich. »Entspanntheit ist die allem anderen als Basis dienende Grundhaltung des Tantra«, formuliert Valtl (2004, S. 172). »Je mehr wir entspannen, desto mehr sind wir in der Lage, uns auf den gegenwärtigen Moment einzulassen, aus dem die sexuelle Erfahrung spontan entspringen kann«, unterstreicht Richardson (2003, S. 50). Die Entspanntheit sei nicht mit Schlaffheit oder Abwesenheit zu verwechseln, sondern als ein Prozess zu verstehen, in dem sich die Wahrnehmung verfeinere. So könne eine fließende sexuelle Energie entstehen, die die Steigerung von Lebensenergie und Liebe zur Folge habe (vgl. ebd. 2003, S. 23, 117). Hier findet sich eine direkte Parallele vor allem zum ondulierenden in Teilen auch zum wellenförmigen Erregungsmodus, in denen die Diffusion der Erregung durch den Körper und ein emotionaler Lustgenuss möglich sind (vgl. Kapitel »Sexocorporel«). Vor allem in den Massageritualen, bei denen die Rollen des Gebens und Nehmens klar verteilt sind, kann das präsente »Geschehenlassen« praktiziert werden, was mit einem Zustand sinnlicher Ruhe und Hingabe einhergeht (vgl. Wirth, 2011, S. 210). »Anstatt die Energie auf eine Entladung zu drängen, entspannen wir uns und lassen die Energie locker auf sich selbst zurückfallen und dann nach innen und oben fließen«, so Richardson in tantrischer Bildsprache über den Weg der sexuellen Energie entlang der Chakren (Richardson, 2003, S. 122). Vor allem sei es die Haltung des »Einverstandenseins« mit dem, was gegenwärtig wahrzunehmen ist, die körperliche Spannungen abbaut (ebd.).

Neben den Übungen, die den Zustand der inneren Entspannung begünstigen, finden sich auch sehr aktive Methoden. Über aktive Bewegungsmeditationen wird die Muskulatur bewusst gelockert (beispielsweise durch die Kundalini-Meditation nach Osho; vgl. Rajneesh, 2002, S. 92f.) oder das Spiel mit den gegensätzlichen Qualitäten von Spannung und Entspannung angeregt (beispielsweise durch die Dynamische Meditation nach Osho; vgl. Rajneesh, 2003, S. 37). Weiterhin haben auch gängige Beckenbodenmethoden, die gezielt vaginale Spannungen und Entspannungen erproben, Einzug in die neo-tantrische Praxis gefunden (vgl. Wirth, 2011, S. 132).

Zwischenbilanz

In ihrer besonderen Begünstigung von ganzheitlicher Entspannung können die Methoden als Ressource für die energetische und tiefere körperliche Kompetenzebene betrachtet werden. Muskuläres Loslassen bei gleichzeitiger Präsenz zum Beispiel im Empfangen von Massagen kann darüber hinaus praktisches Wissen für die Steuerung sexuellen Erlebens liefern.

Körperkontakt

Im Neo-Tantra wird der bewusste zwischenmenschliche (Körper-)Kontakt als wichtiges Erfahrungsfeld angesehen. Er bezieht sich sowohl auf Augen- als auch auf verbalen und Hautkontakt. Valtl beschreibt dabei die Auswirkungen der Kontaktaufnahme wie folgt: »Je tieferen Kontakt ich zu anderen aufzunehmen und über längere Zeit zu halten im Stande bin, umso tieferen und dauerhafteren Kontakt gewinne ich zu mir selbst – und umgekehrt« (2004, S. 171f.). Die bewusste Kontaktaufnahme als Methode birgt die Chance von konkreten Körpererfahrungen. Sie kann aber auch mit emotionalen Hindernissen wie der Angst vor Nähe, Körperscham, Lustlosigkeit etc. konfrontieren. Über das Ritualformat wird eine sinnliche und schützende Rahmung geschaffen, die die Begegnung erleichtert. Der Körperkontakt sollte entsprechend der tantrischen Grundhaltung von achtsamer Präsenz durchdrungen sein (vgl. ebd., S. 169f.). Da routinierte und teilnahmslose Berührungen ihren Sinngehalt verlieren und häufig mehr Gefühle des Getrenntseins als der Verbundenheit hinterlassen, so Kabat-Zinn, spielt die Präsenz insbesondere in den Händen für die Qualität der Berührung eine wichtige Rolle (vgl. Kabat-Zinn & Kappen, 2013, S. 257). Über meditatives Atmen in die Hände können diese vitalisiert und für den Körperkontakt sensibilisiert werden (vgl. Heckert, 2009b, S. 7).

Als Methoden des Körperkontakts, die insbesondere in tantrischen Frauenseminaren Anwendung finden, konnten folgende in der Recherche erschlossen werden: Blickkontakt-Übungen, Herz-zu-Herz-Umarmungen (vgl. Bailey & Rometsch, 2010, S. 21), Gesichts- und Ganzkörperberührungen, Brustmassagen als »Türöffner der weiblichen Lust« und die sowohl individuelle als auch gemeinsame Exploration genitaler Berührungen (Interview). Dabei wird wiederum der Fokus nicht auf die Beherrschung einer bestimmten Berührungstechnik gelegt, sondern auf die Verbundenheit mit sich selbst und der Partnerin und auf das gemeinsame Erforschen dessen, was jenseits der gewohnten Muster erfahrbar ist. Über diesen Erkundungs- und Forschungsaspekt lassen sich viele Parallelen zu feministischen Selbstuntersuchungsgruppen sowie zu Selbstexplorationsanregungen von Sexocorporel erkennen. Intime Körperkontakte werden zur vertiefenden sexuellen Selbstkenntnis und Erfahrungserweiterung mit anderen Frauen praktiziert, ohne dass die sexuelle Orientierung eine tragende Rolle dabei spielt (Interview).

Zwischenbilanz

Tantrische Methoden zum Körperkontakt können als Methoden mit hohem Intimitätsgrad angesehen werden. In einer konkreten Rahmung, die Frauen in der Wahrnehmung ihrer Grenzen unterstützt (Rituale), können diese Methoden als Erfahrungserweiterung für die tiefe körperliche Kompetenzebene als auch über konkrete Massagetechniken für die praktische Kompetenzebene in der Sexuellen Bildung genutzt werden.

Brüste

Während Sexocorporel die Genitalität besonders hervorhebt, erhalten im Neo-Tantra die Brüste einen besonderen Stellenwert (vgl. Richardson, 2003, S. 40). Diese Sonderstellung basiert auf dem Körperkonzept der energetischen Polarität (siehe oben). Da davon ausgegangen wird, dass die weibliche Lust über die Brüste (positiver Pol) gestärkt wird, erhalten diese auch methodisch viel Aufmerksamkeit. Richardson hebt hervor, dass die direkte Stimulation des Genitals energetisch ineffektiv sei (vgl. ebd., S. 41). Ohne Einbeziehung der Brüste bleibe die Erregung geradlinig genital. Würden sie jedoch aktiv mit Aufmerksamkeit bedacht, riefe dies bioenergetische Reaktionen und liebevolle Gefühle hervor, die über Resonanz mit dem negativen Pol die Vagina in ihrer Empfänglichkeit und Bereitschaft aktiviere (vgl. ebd., S. 112). Metaphorisch unterstützt auch Heckert diese Zusammenhänge: »Im Tantrischen, sagen wir, gibt es geheime Verbindungen von den Brustwarzen zur Klitoris« (Interview). Laut Ziegler finden sich für diese »geheime Verbindung« auch wissenschaftliche Nachweise. Die weiblichen Brustwarzen seien über feine Nerven direkt mit dem kortikalen Areal des Gehirns verbunden, das wiederum auf die Klitoris und die Vaginalmuskulatur einwirke (vgl. Ziegler, 2012, S. 27). Wird in Tantra-Seminaren die Aufmerksamkeit auf die Brüste gelenkt, werden hier die Hindernisse der Frauen deutlich, ihre Brüste anzunehmen, so Heckerts Erfahrung. »Die Frauen sagen, meine Brüste sind nicht schön genug, nicht groß genug, nicht klein genug, nicht stehend genug, nicht dies, nicht das; sodass die Frauen an diesen Oberflächlichkeiten hängenbleiben, statt ins Fühlen zu gehen« (Interview).

Aus den Recherchen ergaben sich Methoden wie die sogenannten *Brust-Meditationen*, die über Vorstellungsbilder, Atem und Aufmerksamkeit die Brüste von innen heraus aktiveren. Darüber hinaus sind konkrete tantrische Massagetechniken von Neo-Tantrikern für die Brüste entwickelt worden (Interview; vgl. Heckert, 2009b, S. 16ff.).

Zwischenbilanz

Hat sich in einigen neo-tantrischen Schulen auch eine Überbetonung der Brüste als Lustquelle aufgebaut, können dennoch Methoden daraus erschlossen werden, die zur bewussteren Aneignung und sexuellen Sensibilisierung der Brüste in der Sexuellen Bildung genutzt werden können.

Fazit des Kapitels

Aus der Untersuchung tantrischer Inhalte und Techniken konnten reichhaltige Vorlagen für die körperorientierte Sexuelle Bildung mit jungen Frauen erschlossen werden. Da die Grundstrukturen der neotantrischen Seminare mit dem intendierten Gruppensetting der vorliegenden Arbeit korrelieren, wurden wesentliche Hinweise zur spezifischen Gruppendynamik in der Körperarbeit und besondere Leitungsherausforderungen gefunden. Einige Schwerpunkte der bereits erschlossenen therapeutischen Ansätze, so Atmung und Muskeltonus, werden auch im Tantra akzentuiert. Als tantrische Besonderheit ließen sich Methoden des Körperkontakts und spezifische Massagetechniken erschließen. Für den gesteigerten Intimitätsgrad kann von dem Format des tantrischen Rituals profitiert werden. Ein Alleinstellungsmerkmal des Tantra ist die spirituelle Dimension. Diese kann im Sinne einer ganzheitlichen Erkenntnishaltung in die Sexuelle Bildung integriert werden und über Präsenzübungen die leibliche Authentizität und Selbstbestimmung stärken. Weder die Körperkonzepte, die tantrischen Methoden zugrunde liegen, noch das vermittelte Körperwissen können als ausreichend gestützt angesehen werden. Um ihnen innewohnende Ideologiesierungstendenzen zu vermeiden, ist für die Nutzung tantrischer Methoden auf fundiertes Wissen zurückzugreifen. Werden vorliegende Körperkonzepte zur Anreicherung und Bebilderung von Methoden genutzt, müssen sie für die Sexuelle Bildung als Vorstellungsbilder außereuropäischer Kulturen transparent gemacht werden, um nicht zu neuen Mythen zu führen. Für die intendierten körperbetonten sexuellen Kompetenzebenen erscheinen die in Tabelle 5 dargestellten Methoden als nützlich.

Energetische Ebene	• Energetische Aktivierung ◦ Atemtechniken ◦ Präsenzübungen ◦ Aktive Bewegungsmeditationen • Entspannungstechniken, die diffundierende Erregung ermöglichen
Praktische Ebene	• Konkrete Techniken ◦ Atemtechniken zur bewussten Gestaltung sexueller Erregung ◦ Tantrische Massagetechniken • Konkretes Format für die (sexuelle) Begegnung: das Ritual
Tiefere körperliche Ebene	• Präsenz- und Achtsamkeitsübungen für ein intensives und authentisches Kontakterleben mit sich selbst und anderen ◦ Ganzer Körper ◦ Hände: zur Intensivierung von Berührungserfahrungen ◦ Brüste: zur leiblichen Aneignung und sexuellen Sensibilisierung

Tab. 5: Resultate des Tantra für die Körperbildung

Diskussion der Ergebnisse

Synthese: Körperpsychotherapien, Sexocorporel und Neo-Tantra

Im Folgenden wird erörtert, ob eine gemeinsame Basis für eine Zusammenstellung der vorgefundenen methodischen Ansätze für die Sexuelle Bildung vorliegt. Um sowohl Übereinstimmungen als auch Diskrepanzen herauszustellen, werden die drei Ansätze Körperpsychotherapien, Sexocorporel und Neo-Tantra in einer Zusammenfassung in Beziehung zueinander gestellt.

Wissenschaftlichkeit

Dem emanzipatorischen Leitbild entsprechend bemüht sich die Sexuelle Bildung um eine möglichst wissenschaftlich fundierte Sichtweise von Sexualität (vgl. Valtl, 1997, S. 5f.). Körperpsychotherapeutische Verfahren und Sexocorporel basieren vordergründig auf klinischen Beobachtungen und wissenschaftlich evidenzbasierten Untersuchungen. Während die Wirksamkeit von Körperpsychotherapien erst im späteren Verlauf mittels bildgebender Verfahren der Neurowissenschaft belegt wird (vgl. Müller-Braunschweig, 2010, S. 14), verortet sich Sexocorporel über seinen sexologischen Hintergrund direkt in der modernen Wissenschaft. (Neo-)Tantra hingegen erscheint zunächst als wissenschaftsfern. Zwar greift Tantra auf jahrtausendealte östliche Forschungstraditionen zurück (vgl. Valtl, 2004, S. 166f.), diese unterscheiden sich jedoch von westlicher Wissenschaftstradition erheblich. Vor allem die spirituelle Dimension ist nur annähernd mit gängigen Wissenschaftsverfahren bestimmbar, da sie in rationalen Begrifflichkeiten nur unscharf repräsentiert werden kann (vgl. Schnabel, 2010). Über jüngere neurowissenschaftliche Erkenntnisse der Meditationsforschung können dennoch zumindest Wirkweisen meditativer Praxis belegt werden, die eine wesentliche Säule im Neo-Tantra darstellt (vgl. Vaitl, 2010, S. 19, 31; Brotto, 2009). Das Quellenmaterial hat sich durch seine Verschiedenheit als wenig vergleichbar erwiesen. Während sich das sexologische Wissen von Sexocorporel als sehr fundiert zeigt, bleibt das Körperwissen der Körperpsychotherapien, vermutlich historisch bedingt, im Vergleich weniger wissenschaftlich untermauert. Im (Neo-)Tantra hingegen basiert es maßgeblich auf Erfahrungen und persönlichen Einsichten und ist nicht immer von ideologischen Komponenten klar trennbar. Dennoch wurde bereits in den Querverweisen deutlich, dass sich das Körperwissen von Sexocorporel durchaus auch in Beschreibungen der anderen beiden Ansätze widerspiegelt. Aus dieser Betrachtung lässt sich schließen, dass sich die Ansätze unterschiedlich in ihrer Wissenschaftlichkeit verorten, dennoch basale Übereinstimmungen über beschriebene Phänomene sowie über neurowissenschaftliche Befunde nachweisbar sind.

Sexuelles Wohlbefinden/Harmonisierung

Alle drei Ansätzen verbindet eine Ausrichtung auf das allgemeine und sexuelle Wohlbefinden. Besonders beim Aspekt der Harmonisierung vitaler bzw. sexueller Energien wurden in der Untersuchung Parallelen deutlich. Körperpsychotherapeutische Ansätze haben neben der Heilung von Neurosen die Harmonisierung der muskulären Spannungsverhältnisse zum Ziel, die den allgemeinen Energiepegel eines Menschen anheben und damit dessen sexuelle Lebendigkeit steigern (vgl. Lowen, 2008, S. 12; vgl. A. Lowen & L. Lowen, 1985, S. 14). Neo-Tantra eröffnet Lernfelder, die dabei unterstützen, sich in der Fähigkeit der »sexuellen Hingabe und Erfüllung« zu schulen. Diese Fähigkeit ist nach tantrischer Auffassung an die Auflösung energetischer, emotionaler und körperlicher Blockaden gekoppelt, die über Techniken und sexuelle Begegnungen gelöst und harmonisiert werden können (vgl. Valtl, 2004, S. 176). Darin wird eine Übereinstimmung mit Körperpsychotherapien deutlich. Die stetige Wechselwirkung von allgemeiner Vitalität und sexueller Lebendigkeit wird unterstrichen. Sexocorporel fokussiert hingegen auf direktere Weise die sexuelle Gesundheit. Auch hier wird die »Harmonisierung der unterschiedlichen Komponenten der Sexualität untereinander« zur Optimierung des Lusterlebens hervorgehoben (Hülsmann, 2008, S. 8).

Ganzheitlichkeit und Sexualität

In der Untersuchung der Ansätze zeigte sich eine grundsätzliche Übereinstimmung in der Betonung des Leib-Sein-Aspekts. Während sowohl die (neo-)reichianischen Therapieansätze als auch Sexocorporel vor allem die Körper-Seele-Einheit anerkennen (vgl. Lowen, 2008, S. 9ff.), finden wir beim (Neo-)Tantra zusätzlich über die Integration der geistigen Dimension die bewusste Einbindung der Spiritualität. Die ganzheitliche Ausprägung in der Praxis und in Bezug auf Sexualität unterscheidet sich in einigen Punkten dennoch maßgeblich. Körper, Seele und Geist werden in unterschiedlicher Weise in den Mittelpunkt gestellt, was sich auf die Perspektive von Körperlichkeit und Sexualität auswirkt. Die Körperpsychotherapien betonen aufgrund ihrer psychoanalytischen Herkunft die seelischen Aspekte und ihre Rück- und Wechselwirkungen auf den Körper (Muskelpanzerungen als Resultat von Traumata und Neurosen; vgl. Reich, 1987, S. 226ff.; Ehrensberger, 2010, S. 108ff.). Sie intendieren vornehmlich seelische Heilungs- und Vitalisierungsprozesse. Während Reich die Idee verfolgte, dass »die seelische Gesundheit [...] von der orgastischen Potenz ab[hängt]« (Reich, 1987, S. 14ff.), steht die Sexualität bei Lowen und Rosenberg nicht im unmittelbaren Fokus. Sie wird aber als wesentlicher Indikator für seelisch-muskuläre »Panzerungen« näher untersucht und gegebenenfalls vitalisiert. Sexocorporel hingegen betrachtet den Körper in seinen neurophysiologischen und funktionalen Zusammenhängen, die als Basis für sexuelle Therapie- und Lernprozesse angesehen werden (direkte Kausalitäten, sexuelle Erregungsmodi; vgl. Gehrig, 2013, S. 14f.). Der Körper in seiner sexuellen Funktionalität steht hier im Mittelpunkt der therapeutischen Verhandlung. (Neo-)Tantra, dessen eindeutige Bestimmbarkeit durch seine vielfältigen Erscheinungsformen erschwert ist, weist über die traditionellen Bezüge eine Betonung der spirituellen Komponente auf. Der Körper wird in seiner energetischen Feinstofflichkeit akzentuiert. Sinnlichkeit und Sexualität stehen im Neo-Tantra im Fokus, hier jedoch in der Regel nicht unter therapeutischer Prämisse, sondern im Sinne der Selbsterfahrung und Weiterentwicklung.

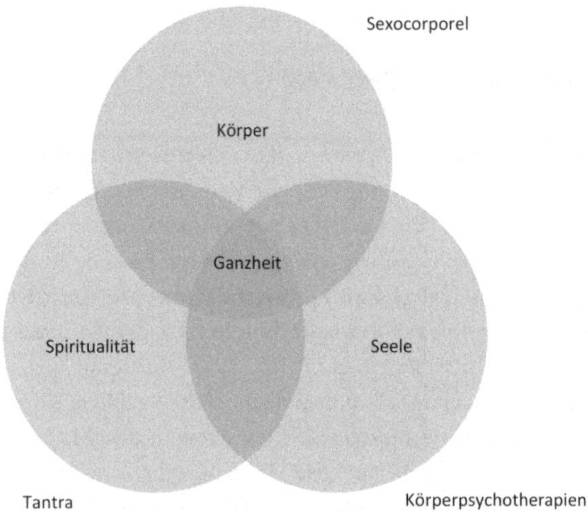

Abb. 7: Akzente der drei ganzheitlichen Ansätze

Körperorientierung/Methoden

In der praktischen Körperorientierung zeigen sich vielfältige Parallelen. So lassen sich beispielsweise in dem reichianischen Körperkonzept der Segment-Einteilung von Muskelpanzerungen direkte Bezüge zur östlichen Chakra-Lehre auffinden, die im (Neo-)Tantra genutzt wird. Während Körperpsychotherapeut_innen sich dabei auf konkrete muskuläre Spannungen beziehen, nimmt das Körperkonzept der Chakra-Lehre ähnlich lokalisierte Körperbereiche als feinstoffliche Energiezentren und entsprechende Blockaden an. In beiden Konzepten steht der Fluss der Vitalenergie, also die körperliche Durchlässigkeit, die sich auf das sexuelle Erleben auswirkt, im Mittelpunkt. Jenseits der anatomisch-rationalen Ebene wird vor allem im (Neo-)Tantra ein bildhafter, emotional-geprägter Zugang zum Körpererleben betont. Sexocorporel weist einen rationaleren Zugang zum Körper auf.

Bezogen auf die Sexualität von Frauen finden sich unterschiedliche Schwerpunkte. Die Körperpsychotherapie bietet vor allem Übungen für die Gesamtheit des Körpers an, Neo-Tantra akzentuiert die Brüste als wesentliche Quelle der Lust (vgl. Kapitel »Tantra«) und Sexocorporel die Vaginalität als bedeutsames sexuelles Lernfeld (vgl. Kapitel »Sexocorporel«). In der Synthese liegen umfangreiche Möglichkeiten, die für die Sexuelle Bildung eine Bereicherung darstellen können.

Darüber hinaus haben sich in allen drei Ansätzen körperorientierte Schwerpunkte herauskristallisiert, an denen die Sexuelle Bildung anknüpfen kann:

- *Atmung:* Das bewusste Lenken der Aufmerksamkeit auf den natürlich fließenden Atem für das allgemeine Wohl sowie sexuelle Erregungszustände bildet in allen Richtungen einen Kernbereich. Sexocorporel nutzt darüber hinaus das Spiel mit unterschiedlichen Atemrhythmen sowie Brust- und Bauchatmung als Explorationsfeld. Im Neo-Tantra tragen hingegen bewusst gesetzte aktive Atemtechniken zu intensiven energetischen Ladungs- und Entladungsprozessen bei. Als weitere Gemeinsamkeit der Ansätze zeigt sich die Nutzung der Stimme als hörbarer Aspekt des Atems und als wichtige Quelle des (sexuellen) Selbst-Ausdrucks.
- *Muskeltonus:* Bezüglich der Körperspannungsverhältnisse werden ebenfalls unterschiedliche Betonungen deutlich. Körperpsychotherapeutische und tantrische Techniken heben tendenziell Entspannungsvorgänge hervor, um Blockaden zu lösen und das (sexuelle) Erleben im Zustand der Entspanntheit zu steigern. Die Übungen erweisen sich als lustbetont, jedoch nicht lustgerichtet. Im Sexocorporel hingegen werden die Aspekte der Spannung und Entspannung gleichermaßen detailliert untersucht. Beide Qualitäten können für die Erweiterung des Lust- bzw. Entladungspotenzials nützlich oder hinderlich sein. In den Übungen wird daher das flexible Spiel mit den unterschiedlichen Spannungszustän-

den vermittelt. Manche Methoden wie die »Beckenschaukel« tauchen in allen Ansätzen auf. Sexocorporel erweitert diese zur »Doppelten Schaukel«.

- *Körperwahrnehmung*. Eine weitere Überschneidung, wenn auch in der Bezeichnung nicht identisch, bildet der Fokus auf die leibliche Wahrnehmung zugunsten körperlicher Aneignungsprozesse. Die Körperpsychotherapien sprechen dabei vom Selbst-Gespür, das zu lebendigen, authentischen Haltungs- und Bewegungsmustern sowie zum Selbst-Ausdruck beiträgt. Sexocorporel spricht von der Sexuellen Selbstsicherheit, dem Stolz auf die eigene Weiblichkeit, die auf der positiven Aneignung des Körperbildes und des genitalen Selbstbildes aufbaut. Im Neo-Tantra finden wir diesen Fokus über die vielfältigen Präsenzübungen wieder, die durch die stetige Wahrnehmungsausrichtung auf die Gegenwart die Subjektivierung des eigenen Körpers unterstützen.
- *Berührung:* Als tantrische Besonderheit hat sich darüber hinaus die Arbeit mit Kontakt und Berührung gezeigt. Übungen dazu weisen einen hohen Intimitätsgrad auf, der im Folgenden noch diskutiert werden muss. Zwar positionieren sich die anderen beiden Richtungen ebenso zum Aspekt des Körperkontakts, jedoch bleiben diese Aussagen aufgrund des Einzelsettings und der therapeutischen Ausrichtung für die Sexuelle Bildung irrelevant.[3]

Eine körperorientierte Sexuelle Bildung kann sich an diesen Schwerpunkten orientieren. Sie bieten ein Orientierungsraster bei der Methodenauswahl. Sie sind wichtige Faktoren für das Leiberleben und das sexuelle Lernen und lassen sich entsprechend der Akzentuierung der Quellen mit methodischem Material ausgestalten. Die Methoden der einzelnen Ansätze stellen sich im besonderen Maße als konkrete und brauchbare Bildungsgüter für die energetische, praktische und tiefere körperliche Kompetenzebene dar.

3 Genannte Körperpsychotherapien nutzen im therapeutischen Setting auch Körperkontakt, um energetische und spannungslösende Prozesse einzuleiten, jedoch ohne die Inklusion intimer Berührungen (vgl. Rosenberg et al., 1996, S. 144; Lowen, 2008, S. 25f., 97). Sexocorporel schließt direkte Berührungen zwischen Therapeut_in und Klient_in aus, regt aber zu nicht-sexuellen Selbstberührungen an (Interview).

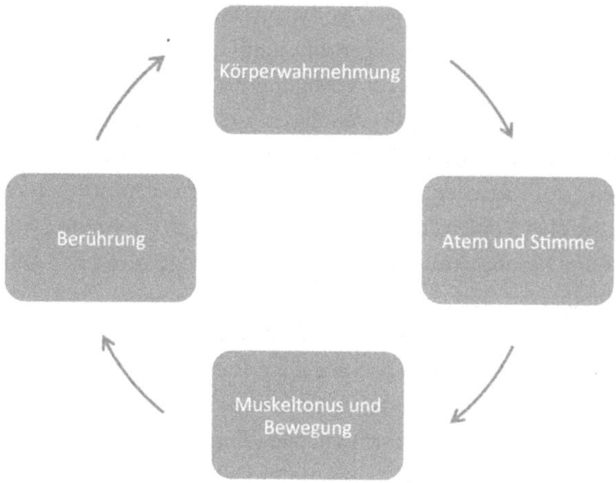

Abb. 8: Schwerpunkte in der Körperbildung

Jenseits der hier erörterten Ansätze können anhand des Rasters zusätzlich auch Methoden aus anderen Disziplinen gewinnbringend für die Sexuelle Bildung ergänzt und erweitert werden. So zum Beispiel niederschwellige Methoden aus der Atem- und Stimmarbeit oder theaterpädagogische Elemente für Körperwahrnehmung, Muskeltonus und Bewegung.

Möglichkeiten und Grenzen des Transfers

Gewinn aus der Vielfältigkeit der Ansätze

Alle drei Ansätze haben sich als Bereicherung für die körperbezogenen sexuellen Kompetenzebenen erwiesen und zeigen, wie eben dargestellt, klare thematische Überschneidungen auf. Sowohl aus den Gemeinsamkeiten als auch aus den Unterschieden kann für die Sexuelle Bildung im Allgemeinen und für die Zielgruppe der jungen Frauen im Besonderen neues methodisches Material erstellt werden. Wissenschaftlich fundiertes sexologisches Körperwissen des Sexocorporel untermauert körperpsychotherapeutische Methoden und konkretisiert, rationalisiert und entideologisiert tantrisches Quellenmaterial. Auf Basis dessen bietet Sexocorporel vielfältige Übungsanregungen. Körperpsychotherapien stellen ein großes Methodenrepertoire über allgemeine und spezifische Energetisierungs- und Vitalisierungsprozesse zur Verfügung, das detailliert bereits in Methodenbüchern vorliegt. Es stellt grundlegende energetische Zusammenhänge dar, die in der Sexuellen Bildung im Gruppensetting berücksichtigt werden können. Neo-Tantra ergänzt das Material mit seiner spirituellen Ausrichtung, die über Präsenzübungen die Anbindung an die »innere Stimme« schult und darüber hinaus einen achtsamen Umgang mit sich selbst und im Miteinander stärkt. Die »exotische« Komponente des Tantra kann wahlweise und reflektiert als kulturelle Bereicherung eingesetzt oder kreativ verändert werden. Bewusst gestaltete Rahmungen wie das tantrische Ritual sind neben der Funktion als Schutzraum eine ästhetische Bereicherung, die dem zwischenmenschlichen Kontakt und der Sexualität eine Hülle, Geheimnis und Magie zugesteht. Dies kann ebenso als Anregung für die individuelle Gestaltung einer *Ars erotica* genutzt werden, an der es laut Sigusch unserer wissenschaftsgeprägten Welt mangelt (vgl. Sigusch, 2013, S. 557). Prozesse der Aneignung des ganzen Körpers, der Brüste bzw. der Vulva/Vagina, die das sexuelle Erlebensspektrum erweitern, werden durch die unterschiedlichen Akzente der Quellen vielfältig angeregt.

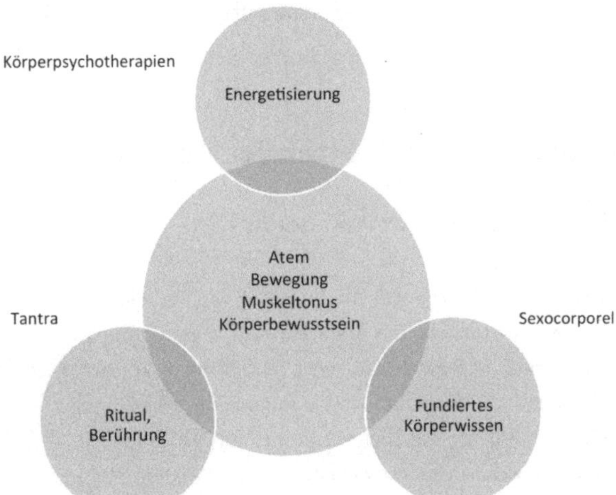

Abb. 9: Gewinn aus den Gemeinsamkeiten und Unterschieden

In der Landschaft von Bildungs- und Therapieansätzen lassen sich bereits Synthesen zwischen den hier aufgeführten Richtungen finden. Während die Körperpsychotherapien nach Reich, Lowen und Rosenberg über ihren historischen Vorsprung als grundlegende Bezugsbasis sowohl in Sexocorporel als auch im Neo-Tantra zu finden sind, werden auch in jüngerer Geschichte Synergien von Tantra und Sexocorporel genutzt. Vor allem Neo-Tantriker schätzen Sexocorporel als sexologisches Fundament (vgl. Wirth, 2013b; Jecko & Meier, 2014; Lohmann, 2014).

Die Zusammenführung der Methoden kann als besonderes Format in der Sexuellen Bildung verstanden werden, das sich durch eine Vertiefung von unmittelbarem Körperwissen auszeichnet. Die körperorientierten Verfahren können darüber hinaus auch mit kognitiven Methoden verzahnt werden. Die Stärke der untersuchten Ansätze liegt in der individuellen Bewusstwerdung und Nutzbarmachung physiologischer, energetischer und spiritueller Zusammenhänge der Sexualität. Sie führen über das individuelle Erleben von Ganzheit zu einer Intensivierung und Harmonisierung der sexuellen Erfahrung. Die Aneignung dieser Zusammenhänge erweitert Gestaltungs- und Entscheidungsmöglichkeiten und dient damit der sexuellen Selbstbestimmung.

Ideologie vs. Sexuelle Bildung

Die untersuchten Ansätze weisen teilweise ideologisierende Elemente auf, die für die Nutzung innerhalb der emanzipatorischen Sexuellen Bildung bedacht werden müssen. Enge Interpretationsweisen beispielsweise aus den Lehren von Reich, Lowen, Rosenberg und Tantra können Gefahr laufen, als »Erziehung zur Liebesfähigkeit« oder zu einem »gelungenen Leben« verabsolutiert zu werden (vgl. Valtl, 1997, S. 4). Um dieser Gefahr entgegen zu treten, bedarf es im Rahmen der Sexuellen Bildung einer klaren Reflexion und Positionierung. Für die Nutzung der Anleihen ist die Abgrenzung von neuen ideologisierenden Standards für »richtige Sexualität«, die mit einem gesunden, normierten Vollkommenheitsanspruch einhergeht, erforderlich (vgl. Valtl, 2012, S. 137). Körperpsychotherapeutische, neo-tantrische, aber auch sexualpädagogische Strömungen waren vor allem historisch bedingt in ihren Anfängen von einer Glorifizierung von Sexualität auf unterschiedliche Weise befangen. Heute müssen die daraus resultierenden Ideologisierungen nach den Grundprinzipien neo-emanzipatorischer Sexualpädagogik um eine vielfältigere Sichtweise von Sexualität erweitert werden (vgl. Valtl, 1997, S. 5f.). Neben den angeführten Aspekten von Harmonisierung und Wohlergehen sollte daher im Sinne des »Anarchischen« des Sexuellen auch der Eigensinn des einzelnen Menschen mit allen Rechten auf spontanes, unüberlegtes und extremes Handeln mitgedacht werden (vgl. ebd., S. 4), aber auch das Recht auf »ungesunde Sexualität« (vgl. Weller, 1996, S. 9). Vor diesem Hintergrund lässt sich die Ausrichtung auf sexuelles Wohlergehen und Gesundheit, die therapeutischen und tantrischen Ansätzen inhärent ist, als eine Facette von Sexualität für die Sexuelle Bildung relativieren, aber auch bewusst einsetzen. Weitere ideologische Tendenzen lassen sich in normativen Geschlechtszuschreibungen und metaphorischen Bildwelten im Neo-Tantra erkennen (vgl. Kapitel »Tantra«), die ohne Reflexion zu esoterischem Glauben oder neuen Mythen führen. Sie müssen für die Sexuelle Bildung entmystifiziert und vor ihrem Hintergrund eingeordnet werden, um dennoch den brauchbaren Gehalt des Körperwissens und der anregenden Bildwelten zu nutzen.

Therapie vs. Sexuelle Bildung

Einige Methoden aus therapeutischen und tantrischen Kontexten lassen sich unverändert auf den sexualpädagogischen Kontext übertragen, andere bedürfen einer bewussten Eingrenzung. Gies problematisiert, dass die »unreflektierte Einbeziehung medizinischer, esoterischer, spiritueller oder fernöstlicher Einflüsse und Ansätze« durchaus zu »unerwünschten Nebeneffekten« führen könne (Gies & Koppermann, 2004, S. 208). Obgleich sich die vorliegende Konzeption in der Sexuellen Bildung verortet und die Methoden innerhalb eines Lern- und Erfahrungsfelds offeriert, muss die Wirkdimension der Methoden, die in tiefere seelisch-leibliche Bereiche hineinführt, gut reflektiert und getragen sein. Bleiben die inneren Prozesse, die Methoden möglicherweise bei Teilnehmerinnen auslösen, unbeachtet und werden nicht gemeinsam reflektiert, können »gut gemeinte« Erfahrungsimpulse auch kontraproduktive Auswirkungen haben. Entsprechend des Intimitätsgrades einer Methode wird die Auseinandersetzung mit Sexualität vielschichtig und auch »unberechenbar«. Die körperliche Dimension verlangt aufgrund der Unmittelbarkeit der Erfahrung, anders als im »verbalen Schutzraum«, die Bereitschaft einer Auseinandersetzung mit unter Umständen widersprüchlichen Gefühlen. In der unmittelbaren Erfahrung liegt sowohl die Stärke körperorientierter Methoden als auch eine mögliche Gefahr. Je konkreter der Fokus hier auf das Lustvolle, Schöpferische und Bereichernde, also auf die Ressourcen gelegt wird, desto mehr kann der Einsatz der Methoden als Lernerfahrung und weniger als therapeutische, eventuell problematisierende Ergründung des Unbewussten erlebt werden (vgl. ebd.). Von invasiven therapeutischen Techniken wie beispielsweise Deblockierungsmassagen im Sinne der Körperpsychotherapien oder sexualtherapeutischen Evaluationen des Sexocorporel ist im Bereich der Sexuellen Bildung grundsätzlich abzusehen. Hingegen können Methoden, die auch in publizierten Übungsreihen ressourcenorientierter Selbsterfahrung erscheinen, sowie allgemeine lernorientierte Übungsschwerpunkte des Sexocorporel ohne Einschränkungen herangezogen werden. Methoden aus tantrischer Praxis sollten zunächst auf ihre Hintergründe befragt werden, da sowohl östliche Meditationstechniken mehrdimensional wirksam sein können als auch im Neo-Tantra häufig therapeutische Verfahren verwoben werden. Gerade bei energetisierenden Meditationstechniken, die über eine hohe körperliche Aktivität und verstärkte Atmung intensive Erfahrungen evozieren, sind ein hoher Selbsterfahrungsgrad der Leitung und eine sehr klar kommunizierte Einbettung notwendig.

Fundierte Kenntnisse über die Hintergründe der Verfahrensweisen und Selbsterfahrung mit den Methoden werden von Gies und Koppermann als entscheidende Voraussetzung für körperorientiertes Arbeiten formuliert (vgl. ebd., S. 208). Liegt keine zusätzliche Qualifikation im Bereich Bioenergetik, Sexocorporel oder (Neo-)Tantra vor, sind daher für einen verantwortungsvollen Umgang hinreichende Selbsterfahrungen zur Qualitätssicherung und für das eigene Selbstverständnis Bedingung. Dennoch plädieren Gies und Koppermann als Sexualpädagoginnen, die Pionierarbeit in der Körperorientierung leisten, dafür, Grenzen der Körperarbeit zwar achtsam zu reflektieren und gleichzeitig im Umgang mit ihnen wenig ängstlich zu sein. Um Weiterentwicklungen innerhalb der Sexuellen Bildung zu ermöglichen, sei eine Perspektive überbetonter Vorsicht einschränkend (vgl. ebd., S. 209). Die Grundhaltung der Achtsamkeit als tantrische Anleihe und ein entsprechendes Reflexionsvermögen können als hilfreiche innere Prüfinstanz für einen angemessenen Umgang mit den Methoden betrachtet werden. Werden trotz der beschriebenen Voraussetzungen individuell problematische Prozesse ausgelöst, die den Bildungsrahmen überschreiten, sollte hier von der Überweisungskompetenz zu anderen Fachbereichen Gebrauch gemacht werden.

Intimität im Bildungsrahmen

In der Untersuchung tantrischer Praxis zeigten sich Übungen, die Körperkontakt und Nacktheit einschließen, als interessante lustbetonte Vorlage. Für den professionellen Umgang mit entsprechend intimen Situationen, die in Bildungsformaten unüblich sind, ist eine klare Rahmung erforderlich. Sielert und Schmidt stellen für den Umgang mit Körperkontakten – ursächlich im pädagogischen Kontext zwischen Fachkraft und Schutzbefohlenen – Leitgedanken heraus, die sich gut als Orientierungspunkte für die Erwachsenenbildung eignen. Rollenklarheit der Leitung, Transparenz und Metakommunikation werden als grundlegende Rahmenbedingungen definiert, die das Erleben und die nicht eindeutig vorhersehbare Wirkung von Körperkontakten auf eine achtsame Basis stellen (vgl. Sielert & Schmidt, 2012b, S. 158f.). Obwohl das hier beschriebene körperorientierte Vorgehen explizite Körperkontakte zwischen Leitung und Teilnehmerinnen nicht vorsieht, ist doch die Leitung durch ihre Anwesenheit im Raum als Hüterin und Gestalterin des Settings Zeugin intimer Momente. Die Nähe-Distanz-Regulation muss daher in jedem Falle mit gedacht werden. Sielert und Schmidt betonen, dass Fachkräfte grundsätzlich mit Achtsamkeit agieren und sich darüber hinaus stets ihres Auftrags und der »lizenzierten Kompetenz« in körpernahen Arbeitssituationen bewusst sein müssen (vgl. ebd.). Für die Sexuelle Bildung kann darunter die bewusste Abgrenzung von einer therapeutischen Kompetenz oder Sexualassistenz verstanden werden. Die Erarbeitung eines klaren Rollenverständnisses der Leitung dient, so Sielert weiter, der Transparenz und Grenzziehung und kann über regelmäßige Selbstreflexion gestützt werden. Transparenz schafft Klarheit und Vertrauen für alle Beteiligten und kann zum Beispiel über Vereinbarungen, Regeln und einer konzeptionelle Verankerung der Intimitätsthematik erreicht werden. Dabei ist die offene Kommunikation mit der Zielgruppe über die Motivation und Intention des Vorhabens die wesentlichste Voraussetzung (vgl. ebd.). Die Rahmung durch ein Ritual, wie sie in neo-tantrischer Praxis geläufig ist (vgl. Kapitel »Tantra«), entspricht diesen Anforderungen aufgrund der klaren Abläufe, vereinbarten Handlungsgrenzen und der offenen Kommunikation. Die Kultivierung von Transparenz im Bildungsseminar kann also »ein Generalschlüssel für den grenzwahrenden Umgang miteinander« werden (Sielert & Schmidt, 2012b, S. 159). Sie fördert die sexuelle Selbstbestimmungskompetenz, kann aber vor allem auch der hemmenden Vorsicht, Übungen mit Körperkontakt zu nutzen, konstruktiv entgegengesetzt werden. Wenn Verletzungen oder Irritationen dennoch eintreten, empfehlen Sielert und Schmidt, direkt in die Metakommunikation zu gehen. Das bedeutet zum Beispiel, das gerade Erlebte zu besprechen, Wahrnehmungen miteinander zu konkretisieren und abzugleichen, um mögliche Grenzüberschreitungen zeitnah zu klären (vgl. ebd., S. 160). Da grundsätzlich in der Methodennutzung das Prinzip der Freiwilligkeit gilt und es sich bei der Zielgruppe außerdem um volljährige Teilnehmerinnen handelt, können hier Transparenz und Achtsamkeit als hinreichende Stützpfeiler und Türöffner für die Integration von Intimität und Körperkontakt zusammengefasst werden.

Neben der Nähe-Distanz-Regulation der Teilnehmerinnen, sollte zusätzlich die verstärkte Sichtbarkeit der Leitung reflektiert und das eigene Grenzempfinden dabei austariert werden. In körperorientierten Methoden bleibt die Leitung nicht außen vor, sondern nimmt einen aktiven Part ein. Die hier aufgegriffenen Methoden der verschiedenen Ansätze (Energetisierungsübungen, Geh-Übungen, Atem-Übungen, Meditationen etc.) sehen das Anleiten und Begleiten über eine direkte Teilnahme vor. Darüber hinaus kann es in tantrischen Methoden mit hohem Intimitätsgrad (Zeigerituale, Massagerituale) zu einer sehr intimen Sichtbarkeit der Leitung kommen. Zwar nimmt die Leitung in den Ritualen vordergründig den Part der Hüterin des Settings ein, jedoch wird die Demonstration der Abläufe und des Vorgehens, die

Nacktheit einschließen können, angeraten. Hier muss eine mögliche innere Schwelle für alle Beteiligten mit gedacht werden. Laut Wendt, dessen Reflexionen therapeutischer Sichtbarkeit innerhalb der Integrativen Sexualtherapie hier übertragen werden, sind zwei Komponenten zu berücksichtigen. Einerseits muss die Leitung für sich regulieren, inwieweit sie sichtbar sein möchte. Demonstriert die Leitung Methoden mit hohem Intimitätsgrad, sollte sie eine ausreichende Selbsterfahrung und einen entspannten Umgang mit der eigenen Nacktheit haben. Andererseits muss jedoch die intime Sichtbarkeit der Leitung auch in Feinabstimmung zur Gruppendynamik erfolgen. Stimmt die Vertrauensbasis, kann die Sichtbarkeit sehr gewinnbringend sein; ist der Zeitpunkt zu früh, kann es ebenso zu Überforderung oder zum Vertrauensverlust auf beiden Seiten führen (vgl. Wendt, 1979, S. 179ff.).

Jede Methode sollte folglich nur dann angewandt werden, wenn sie die eigenen Grenzen und die aktuelle Vertrauensebene mit der Gruppe achtet. Obwohl es sich bei der Zielgruppe nicht um Minderjährige handelt, muss davon ausgegangen werden, dass die Leitung im Umgang mit den eigenen Grenzen Vorbildfunktion für eine Gruppe hat (vgl. Tuider et al., 2012, S. 26). Ihre persönliche Nähe-, Distanz- und Sichtbarkeitsregulation wird aufgrund dessen zum Orientierungspunkt der Teilnehmerinnen. Werden diese Komponenten berücksichtigt, kann die Integration von Methoden mit hohem Intimitätsgrad in Anknüpfung an den Geist der Selbstuntersuchungsgruppen gewinnbringend sein und einen Austausch intimer Erfahrungen im geschlechtsspezifischen Schutzraum ermöglichen.

Zeitfaktor

In der Untersuchung der Ansätze und entsprechender Methoden wurde deutlich, dass die Anwendung körperorientierter Verfahrensweisen einen großzügigen zeitlichen Rahmen benötigt. Gies und Koppermann untermauern diese Notwendigkeit, da intensive Körpererfahrungen im sexualpädagogischen Kontext vor allem dann wirkungs- und wertvoll sind, wenn ihnen Raum gegeben wird. Über anschließende Erfahrungsreflexionen wird der ganzheitliche Prozess ins Bewusstsein gerückt, sodass die Erlebnisse für die einzelne Person auch integriert werden können (vgl. Gies & Koppermann, 2004, S. 213). Darüber hinaus ist es wichtig, auch die zeitlichen Bedingungen für Gruppenprozesse zu berücksichtigen. Eine Vertrauensbasis innerhalb einer Gruppe lässt sich nur sukzessive aufbauen. Dementsprechend sind in der Konzeption von körperorientierten Bildungsformaten große Zeitfenster zu empfehlen, die schrittweise den Übergang von Methoden mit niedrigeren zu solchen mit höheren Intimitätsgraden erlauben.

Der Zeitfaktor spielt in der Wahl und Gestaltung des Seminars folglich eine signifikante Rolle, der stets von der Leitung bedacht werden muss. Die eruierten Seminarformate aus dem Kapitel »Körperorientierung in der Sexuellen Bildung« können dabei richtungsweisend sein. Die kompakte Seminarstruktur über drei bis fünf Intensivtage, die neotantrische Angebote in der Regel nutzen, öffnen punktuell viel Raum für eine schrittweise thematische Annäherung und Vertiefung. Um jungen Frauen Zugänge zu ermöglichen, sollte dabei der Kostenpunkt berücksichtigt werden. Auch wöchentliche Kursstrukturen, die sich den VHS- bzw. den therapeutischen Angeboten des ZISS entlehnen, können durch ihre Alltagsnähe und geringere Kostenintensität Vorteile aufweisen. Dennoch sollten auch hier große Zeitfenster von mindestens drei bis vier Stunden angestrebt werden.

Leitungskompetenz

Wie die bisherige Diskussion verdeutlicht, ist die Rolle der Leitung an verschiedene Voraussetzungen gebunden. Gies und Koppermann heben für die Anwendung körperorientierter Methoden zusammenfassend drei entscheidende Faktoren hervor, die bereits im vorigen Kapitel anklangen:

a) das Wissen über die Herkunft der Methode,
b) eine angemessene Selbsterfahrung der Leitung mit der Methode und
c) ein Feingespür für das Vertrauenslevel innerhalb einer Gruppe (vgl. Gies & Koppermann, 2004, S. 208).

Diese Faktoren sollten die Entscheidung bestimmen, ob und zu welchem Zeitpunkt welche Methoden eingesetzt werden. Weiterhin bedarf es von Seiten der Leitung einer Rollenklarheit und einem sicheren Selbstverständnis. Hierfür können sowohl Selbsterfahrung und -reflexion als auch Biografiearbeit dienen. Dazu zählt, sich der persönlichen Sexual- und Beziehungsbiografie bewusst zu sein, individuelle Vorstellungen, Werte und Normen zu reflektieren und eigene Grenzen zu klären. Mit dem Fokus auf Körperorientierung in der Sexuellen Bildung sollte darüber hinaus der persönliche Zugang zu Körperarbeit und deren inhaltlicher Ausrichtung bewusst sein. Ist die eigene Position geklärt, können Methoden achtsam und transparent eingesetzt und der eigenen Authentizität entsprechend vertreten werden (vgl. Tuider et al., 2012, S. 25f.).

Der Schwerpunkt der vorliegenden Untersuchung liegt auf körperlichen Aneignungsprozessen und der Erweiterung energetischer, praktischer und tieferer körperlicher Kompetenzen. Dennoch werden kognitiv orientierte Methoden keineswegs ausgeschlossen. Je nach inhaltlicher Ausrichtung des Angebots und Selbstverständnisses der Leitung lassen sich sinnlich-konkrete Erfahrungen und Selbstreflexionen mit theoretischem Input verbinden. So kann eine multidisziplinäre Verzahnung für die Auseinandersetzung zwischen dem eigenen konkreten Erleben und beispielsweise gesellschaftlichen Werten und Normen genutzt werden.

Fazit

Das Buch konnte vor allem eines verdeutlichen: In der Erschließung körperorientierter Quellen liegt ein großes Potenzial für die Erweiterung des sexuellen Lernens im Rahmen der Sexuellen Bildung. Den Körper in den Mittelpunkt der Sexuellen Bildung zu rücken, schafft reichhaltige neue Lern- und Erfahrungsfelder. Für die Vieldimensionalität sexueller Kompetenzen kann in anderen Disziplinen auf einen großen Fundus an Körper- und Erfahrungswissen sowie bereits erprobter Methoden zurückgegriffen werden. Weder die Sexuelle Bildung mit jungen erwachsenen Frauen noch die Fokussierung auf sinnlich-konkrete Methoden standen bisher im Mittelpunkt tiefergehender Betrachtungen. Im Rahmen dieser Arbeit wurde deshalb versucht, konzeptionelle und methodische Grundlagen dafür zu schaffen. Die Untersuchung konnte verschiedene Schwerpunkte des *Lernens vom Körper* aufzeigen, die als Impulse für eine weitere Vertiefung und Erprobung des Materials dienen können.

Am Anfang des Buchs wurde deutlich, dass über den Paradigmenwechsel in der Sexualerziehung mit der visionären Sexuellen Bildung eine grundsätzliche Erweiterung bisheriger Formate und Haltungen einhergeht, die jenseits der Präventionsidee einen Aufbruch in ressourcenorientierte und lustbetonte Lernfelder darstellt. Konkrete Verankerungen neuer Modelle, die auch das junge Erwachsenenalter ansprechen, lassen sich bisher nicht finden. Exemplarisch wurde deshalb in der vorliegenden Publikation die Zielgruppe junger erwachsener Frauen zwischen 18 und 35 Jahren näher untersucht. Dabei konnte die Komplexität der Lebensphase beleuchtet werden, die mit stetigen Aktualisierungen körperlicher und sexueller Aneignungsprozesse einhergeht. Ferner wurde ein konkreter Bedarf der Akzentuierung leibbetonter Lernanregungen deutlich. Das Lernen vom Körper kann ein Gegengewicht zum herausgearbeiteten Körper-Haben-Aspekt bilden, der gesellschaftlich überbetont wird. Sinnlich-konkrete Erfahrungen dienen darüber hinaus in ihrem Selbstzweck der allgemeinen Erweiterung des sexuellen Handlungsspektrums. Die Konkretisierung der Ganzheitlichkeit, die über die verschiedenen sexuellen Kompetenzebenen greifbarer wurde, konnte als hilfreiche Vorlage für die anschließende Untersuchung genutzt werden. Die energetische, praktische und tiefere körperliche Ebene wurden durch ihre besondere Betonung des Leib-Sein-Aspekts zu nützlichen Orientierungskritierien für die Einordnung der Methoden. Für die Erschließung neuen methodischen Materials kristallisierten sich besonders drei Ansätze heraus: die Körperpsychotherapien, der Ansatz des Sexocorporel und Tantra. Die Untersuchung erwies sich dabei als sehr ergiebig. In der vergleichenden Betrachtung der Ansätze haben sich interessante Übereinstimmungen in den Schwerpunkten der Körperorientierung herauskristallisiert; darüber hinaus wurden aber auch Besonderheiten des jeweiligen Zugangs zum Körper und zum sexuellen Lernen deutlich. Es zeigte sich, dass die Ansätze durch ihre unterschiedlichen Akzente voneinander profitieren können und Synergien gewinnbringend für die Sexuelle Bildung genutzt werden können. Die methodische Vielfalt unterstützt vordergründig leibliche Aneignungsprozesse als Grundlage selbstbestimmten Handelns. Darüber hinaus werden das sexuelle Wohlergehen und die individuelle lustbetonte Potenzialentfaltung in den Mittelpunkt gerückt. Diese Ausrichtung basiert auf den Haltungen und Ressourcen der Ansätze und kann damit als eine spezifische Bereicherung sexueller Lernprozesse angesehen werden. Ferner wurden die Möglichkeiten und Grenzen beleuchtet, die die Übertragung der Anleihen in den Rahmen der emanzipatorischen Sexuellen Bildung mit sich bringen. Daraus ergaben sich wesentliche Bedingungen, die für die methodische Reflexion notwendig, allem voran aber auch als Konzeptionsgrundlage körperorientierter Seminare sehr brauchbar sind.

Innerhalb des vorliegenden Buches wurde die Schwierigkeit deutlich, aus dem unterschiedlich gearteten Quellenmaterial eine Vergleichbarkeit der Ansätze herzustellen sowie in jedem Falle tragfähige Rückschlüsse auf Methoden zu ermöglichen. So wurde in der Reflexion sichtbar, dass es trotz einer methodischen Aufbereitung einer angemessenen Selbsterfahrung bzw. Qualifikation bedarf.

Insgesamt wären weiterführende Überlegungen zu einer Installierung körperorientierter Angebote in der Sexuellen Bildung für junge erwachsene Frauen nützlich. Die Frage taucht auf, in welche institutionelle Kontexte Seminare eingebettet werden können, um für die Zielgruppe erreichbar und finanzierbar zu sein. Weiterhin kann angenommen werden, dass die körperorientierten Verfahren in großen Teilen auch auf andere Lebensalter und alle Geschlechter übertragbar bzw. auf der erarbeiteten Basis erweiterbar sind. Für die ganzheitliche Vertiefung sexualpädagogischer Arbeit mit Heranwachsenden können verschiedene Methoden ebenso nutzbringend sein. Aufgrund rechtlicher Bestimmungen und möglicher Graubereiche, die über körperbetontes Arbeiten in der Pädagogik entstehen können, wären hierfür eine detaillierte rechtliche Grundlage sowie eine Modifizierung der Methoden entsprechend der Entwicklungsphase zu erarbeiten.

Da sich der Fokus auf körperorientierte Lernfelder als sehr reichhaltig erwiesen hat, wäre eine stärkere Verankerung und gezielte Integration in der sexualpädagogischen Ausbildung notwendig.

Literatur

Abels, Heinz, Honig, Michael-Sebastian, Saake, Irmhild & Weymann, Ansgar (2008). *Lebensphasen. Eine Einführung.* Wiesbaden: Verlag für Sozialwissenschaften.

Anand, Margot (1997). *Tantra – Weg der Ekstase. Die Sexualität des neuen Menschen.* Berlin: Simon und Leutner.

Antonovsky, Aaron (1997). *Salutogenese. Zur Entmystifizierung der Gesundheit.* Tübingen: dgvt-Verlag.

Bailey, Nicole & Rometsch, Martin (2010). *Sexspiele. Sinnlich & erotisch.* München: Südwest.

Baker, Elsworth F. (1980). *Der Mensch in der Falle – Das Dilemma unserer blockierten Energie: Ursachen und Therapie.* München: Kösel.

Bischof, Karoline (2008). Orgasmusstörungen der Frau. In Bischof, Karoline & Gehrig, Peter (Hrsg.), *Leitfaden Sexualberatung für die ärztliche Praxis* (S. 1–30). Zürich: Pfizer AG.

Bischof, Karoline (2010). Vaginismus und Dyspareunie der Frau. In Bischof, Karoline & Gehrig, Peter (Hrsg.), *Leitfaden Sexualberatung für die ärztliche Praxis* (S. 1–66). Zürich: Pfizer AG.

Bischof, Karoline (2012). *Sexocorporel und die Förderung des sexuellen Lusterlebens.* http://www.ziss.ch/veroeffentlichungen/2012_Bischof_Sexocorporel_Lusterleben.pdf (13.07.2014).

Bischof-Campbell, Annette (2012). *Das sexuelle Erleben von Frauen als Spiegel ihres sexuellen Verhaltens.* Masterarbeit. http://www.ziss.ch/veroeffentlichungen/Masterarbeit_Bischof-Campbell_kl.pdf (13.07.2014).

Borkenhagen, Ada & Brähler, Elmar (2010). Schamlos – theoretische und empirische Aspekte des Trends zur Teil- und Vollintimrasur. In Ada Borkenhaben & Elmar Brähler (Hrsg.), *Intimmodifikationen. Spielarten und ihre psychosozialen Bedeutungen* (S. 71-80). Gießen: Psychosozial-Verlag.

Borkenhagen, Ada (2011). Intimmodifiaktionen bei Jugendlichen. *BZgA Forum Sexualaufklärung und Familienplanung*, 3, 20–24.

Bosch, Erik (2004). *Sexualität und Beziehungen bei Menschen mit einer geistigen Behinderung. Ein Hand- und Arbeitsbuch.* Tübingen: dgvt-Verlag.

Bravo Dr. Sommer Studie (2009). *Liebe! Körper! Sexualität!* Hrsg. v. Heinrich Bauer Smaragd KG/Bauer Media Group, München.

Brockhaus – Enzyklopädie in 30 Bänden (2006). Salutogenese. Mannheim, Leipzig: F. A. Brockhaus AG.

Brotto, Lori & Woo, Jane S. T. (2009). Mindfulness Training and Applications to Female Sexuality. *The Female Patient, 34*, 38–39.

Büntig, Wolf E. (2007). Das Werk von Wilhelm Reich. In Marlock, Gustl & Weiss, Halko (Hrsg.), *Handbuch der Körperpsychotherapie* (S. 41–60). Stuttgart: Schattauer.

Bust, Leila (2014). *Inhalte und Struktur – Weiblichkeit leben*. http://www.weiblichkeit-leben.de/inhalte-und-struktur.html (28.08.2014).

BZgA (Hrsg.). (2000). *frauen leben. Studie zu Lebensläufen und Familienplanung im Auftrag der Bundeszentrale für gesundheitliche Aufklärung*. Kurzfassung. http://www.bzga.de/infomaterialien/dokumentationen/frauen-leben-studie-zu-lebenslaeufen-und-familienplanung-kurzfassung/(29.07.2014).

BZgA & WHO-Regionalbüro für Europa (2011). *Standards für die Sexualaufklärung in Europa. Rahmenkonzept für politische Entscheidungsträger, Bildungseinrichtingen, Gesundheitsbehörden, Expertinnen und Experten*. Köln: Bundeszentrale für gesundheitliche Aufklärung.

BZgA (2010). *Nach der Geburt: Der ganz normale »Lustverlust«*. http://www.familienplanung.de/schwangerschaft/sexualitaet/lustverlust-nach-der-geburt/(30.08.2014).

Douglas, Nik & Slinger, Penny (2004). *Das große Buch des Tantra. Sexuelle Geheimnisse und die Alchemie der Ekstase*. Kreuzlingen, München: Ariston.

Düring, Eva-Maria (2011). *Erste allgemeine Verunsicherung?! Sexualpädagogik in der KjG*. Sexualpädagogische Arbeitshilfe. Hrsg. von der Bundesstelle der KjG, Düsseldorf. http://www.eja-muenchen.de/fileadmin/eja_data/0100_BDKJ/0108_Positionen/Sexualpaedagogik/kjg_sexualpaed_arbeitshilfe_web_final.pdf (11.06.2014).

Ehrensberger, Thomas (2010). Bioenergetische Analyse. In Müller-Braunschweig, Hans & Stiller, Niklas (Hrsg.), *Körperorientierte Psychotherapie. Methoden – Anwendungen – Grundlagen* (German Edition) (S. 108–126). Dordrecht: Springer.

Eliade, Mircea (1954). *Schamanismus und archaische Ekstasetechnik*. Zürich: Rascher Verlag

Eliade, Mircea & Reschika, Richard (2012). *Indiens mystische Erotik*. Berlin: Verlag der Weltreligionen.

Flaake, Karin (2004). Körper, Sexualität und Identität. Zur Adoleszenz junger Frauen. In Rohr, Elisabeth (Hrsg.), *Körper und Identität. Gesellschaft auf den Leib geschrieben* (S. 47–68). Königstein: U. Helmer.

Gehrig, Peter (2013). *Das Konzept des Sexocorporel*. http://ziss.ch/sexocorporel/Sexocorporel-Grundlagen.pdf (19.06.2014).

Geuter, Ulfried (2007). Geschichte der Körperpsychotherapie. In Marlock, Gustl & Weiss, Halko (Hrsg.), *Handbuch der Körperpsychotherapie* (S. 17–40). Stuttgart: Schattauer.

Gies, Maria & Koppermann, Carola (2004). Es leben Bauch und Hände. Körperarbeit im Kontext der Sexualpädagogik. In Timmermanns, Stefan, Tuider, Elisabeth & Sielert, Uwe (Hrsg.), *Sexualpädagogik weiter denken. Postmoderne Entgrenzungen und pädagogische Orientierungsversuche* (S. 199–217). Weinheim: Juventa-Verlag.

Großerüschkamp, Rolf (2013). *Bioenergetische Übungen und Übungsgruppen.* http://www.dvba.de/downloads/dvba_uebungsgruppe.pdf (04.08.2014).

Gubler, Christa (2014). *Mit Genuss zum Orgasmus.* http://ziss.ch/kurse_und_seminare/mit_genuss_zum_orgasmus.htm (21.06.2014).

Haarmann, Claudia (2011). Die Offenheit seit der »sexuellen Revolution« – nur ein Mythos? Die Scham ist nicht vorbei. *BZgA Forum Sexualaufklärung und Familienplanung*, 3, 12–16.

Haberger, Rita (2010). Neuroanatomie und Physiologie der Entspannungsreaktion. *Die Psychodynamische Psychotherapie, 9*(2), 109–113.

Heckert, Regina (2009a). Die Liebe sieht Nichts als die Schönheit eines Menschen. *Connection Tantra Spezial, 83*, 38–43.

Heckert, Regina (2009b). *Tantramassagen.* Sammelmappe. Speyer.

Heckert, Regina (2014a). *Assistenten- und Helferschulung.* http://befree-tantra.de/tantra-seminare/befree-tantra-assistenten.html (23.08.2014).

Heckert, Regina (2014b). *Frauentantra.* http://befree-tantra.de/tantra-seminare/tantra-archiv/frauen-tantra.html (28.08.2014).

Helmer, Ulrike (2012). *Muschiland. Exkursionen in eine kulturelle Intimzone.* Sulzbach/Taunus: Helmer.

Hinz, Andreas, Brähler, Elmar, Brosig, Burkhard & Stirn, Aglaja (2006). Verbreitung von Körperschmuck und Inanspruchnahme von Lifestyle-Medizin in Deutschland. *BZgA Forum Sexualaufklärung und Familienplanung, 1/2006*, 7–11.

Hoffmann, Devaka Regine (2014). *Institut für Sinnliche Wege: Tantra.* http://www.sinnliche-wege.de/index.php?page=koerperarbeit (21.06.2014).

Hölling, Heike & Schlack, Robert (2007). Essstörungen im Kindes- und Jugendalter. *Bundesgesundheitsblatt – Gesundheitsforschung – Gesundheitsschutz, 50*(5–6), 794–799.

Hühn, Cornelia & Ullrich, Cornelia (2011). *Mehr als drei Jahrzehnte Frauengesundheit im Zentrum.* ffzg. http://www.fmgz-frankfurt.de/images/30_Jahre_Frauengesundheit.pdf (21.06.2014).

Hülsmann, Ingrid (2008). *Ausbildung in Sexocorporel.* Heft 1. Zürich. PDF.

Jecko, Brigitta & Meier, Manu Roland (2014). *Manumagic I.* http://www.manumagic.ch/sexualberatung-therapie/wie-arbeiten-wir/(14.07.2014).

Johnson, Don Hanlon (Hrsg.). (2012). *Klassiker der Körperwahrnehmung. Erfahrungen und Methoden des Embodiment.* Bern: Huber.

Kabat-Zinn, Jon & Kappen, Horst (2013). *Gesund durch Meditation. Das große Buch der Selbstheilung mit MBSR.* München: Knaur.

Kluge, Norbert & Sonnenmoser, Marion (2001). Sind junge Frauen wirklich im »Schönheitswahn«? Über Schönheitsbezogene Einstellungen und Aktivitäten von Männern und Frauen in verschiedenen Gruppen. http://www.uni-landau.de/kluge/Beitraege_zur_S.u.S/schoenheitswahn.pdf (13.10.2015).

König, Regina (2014). *ARUNA-Tantra – Seminare für Frauen.* http://www.aruna-tantra.de/seminare-fuer-frauen (21.06.2014).

Korda, Joanna Beate. (2008). Weibliche sexuelle Dysfunktion – Springer. *Der Urologe, 47*, 77–91. http://link.springer.com/article/10.1007/s00120-007-1618-9#page-2 (02.04.2014).

Lange, Carmen & Rethemeier, Annette (2013). Arbeit mit den Verhaltensvorgaben: Die Individualebene. In Hauch, Margret (Hrsg.), *Paartherapie bei sexuellen Stö-*

rungen. Das Hamburger Modell – Konzept und Technik (S. 144–175). Stuttgart, New York: THIEME.

Lievegoed, Bernardus C.J. (1991). *Lebenskrisen, Lebenschancen. Die Entwicklung des Menschen zwischen Kindheit und Alter.* München: Kösel.

Lohmann, Helfried (2014). *Sexualtherapie Leipzig.* http://www.sexualtherapie-leipzig.net/meine-angebote/preise-und-leistungen/ (14.07.2014).

Lowen, Alexander (2008). *Bioenergetik. Therapie der Seele durch Arbeit mit dem Körper.* Neuausgabe Reinbek bei Hamburg: Rowohlt.

Lowen, Alexander & Lowen, Leslie (1985). *Bioenergetik für jeden. Das vollständige Übungshandbuch.* München: Kirchheim.

Luca, Renate (1998). *Medien und weibliche Identitätsbildung. Körper, Sexualität und Begehren in Selbst- und Fremdbildern junger Frauen.* Frankfurt a.M. u.a.: Campus-Verlag.

Marlock, Gustl & Weiss, Halko (2007). Einführung: Das Spektrum der Körperpsychotherapie. In Marlock, Gustl & Weiss, Halko (Hrsg.), *Handbuch der Körperpsychotherapie* (S. 1–12). Stuttgart u.a.: Schattauer.

Martin, Beate (2012). Körper- und Sexualaufklärung. In Schmidt, Renate-Berenike (Hrsg.), *Handbuch Sexualpädagogik und sexuelle Bildung* (S. 670–686). Weinheim: Juventa.

Metzinger, Thomas (2010). *Spiritualität und Intellektuelle Redlichkeit.* Vortrag auf dem Kongress »Meditation und Wissenschaft 2010« vom 26. und 27.11.2010 in Berlin. http://www.meditation-wissenschaft.org/images/stories/folien2010/Metzinger_Redlichkeit.pdf (10.05.2014).

Müller-Braunschweig, Hans (2010). Körper, Kopf und Kommunikation: körperorientierte und allgemeine Psychotherapie. In Müller-Braunschweig, Hans & Stiller, Niklas (Hrsg.), *Körperorientierte Psychotherapie. Methoden – Anwendungen – Grundlagen* (S. 4–39). Dordrecht: Springer.

Neon & Forsa.Omninet (2014). Die Stimme einer Generation – Geht's uns noch gut? Die große NEON-Umfrage zum Leben im Jahr 2014. *Neon Magazin*, 10/2014, 16–35.

Neon & Mindline Media (2008). Sex: Verhalten, Einstellungen und Wünsche der 20–35-Jährigen. *Neon Magazin*, 12/2008, 50–63.

Nestor, Milan (2012). Methoden und Arbeitsformen der Sexualpädagogik. In Schmidt, Renate-Berenike (Hrsg.), *Handbuch Sexualpädagogik und sexuelle Bildung* (S. 687–695). Weinheim: Juventa.

Neubauer, Georg (2012). Sexualität im Jugendalter. In Schmidt, Renate-Berenike (Hrsg.), *Handbuch Sexualpädagogik und sexuelle Bildung* (S. 364–377). Weinheim: Juventa.

Odier, Daniel (2013). *Das tantrische Erwachen. Begehren, Leidenschaft und Spiritualität.* Grafing: Aquamarin-Verlag.

Ott, Ulrich & Hölzel, Britta (2011). *Meditationsforschung: Neuroanatomische Befunde.* http://www.arbor-seminare.de/files/MeditationForschung_%20HoelzelOtt.pdf (28.08.2014).

OWK (2003). *Kundalini. Das Erbe der Nath-Yogis.* Leipzig: Bohmeier.

Rajneesh (2002). *Meditationsführer.* Mit 60 Meditationstechniken. München: Goldmann.

Rajneesh (2003). *Das Orangene Buch.* Köln: Edition Osho.

Rappe, Guido (2005). *Interkulturelle Ethik. Ethische Anthropologie I. Der Leib als Fundament von Ethik*. Berlin: Europäischer Universitätsverlag.

Reich, Wilhelm (1987). *Die Funktion des Orgasmus. Sexualökonomische Grundprobleme der biologischen Energie*. Köln: Kiepenheuer & Witsch.

Richardson, Diana (2003). *Zeit für Liebe. Sex, Intimität und Ekstase in Beziehungen*. Köln: Innenwelt.

Richardson, Diana (2004). *Zeit für Weiblichkeit. Der tantrische Orgasmus der Frau*. Köln: Innenwelt.

Rosenberg, Jack Lee (1983). *Orgasmus*. Berlin: Herzschlag.

Rosenberg, Jack Lee & Morse, Beverly (2007). Segmentale Haltemuster im Körper-Geist-System. In Marlock, Gustl & Weiss, Halko (Hrsg.), *Handbuch der Körperpsychotherapie* (S. 682–691). Stuttgart: Schattauer.

Rosenberg, Jack Lee, Rand, Marjorie L. & Asay, Diane (1996). *Körper, Selbst & Seele. Ein Weg zur Integration*. Paderborn: Junfermann.

Schemer, Christian (2006). Die Medien als heimliche Verführer? Der Einfluss attraktiver Medienpersonen auf das Körperbild von Rezipientinnen und Rezipienten. *BZgA Forum Sexualaufklärung und Familienplanung, 1/2006*, 12–15.

Schmidt, Gunter (2005). *Das neue Der Die Das. Über die Modernisierung des Sexuellen*. Gießen: Psychosozial-Verlag.

Schnabel, Ulrich (2010). *Meditation und Bewusstseinskultur. Neue Perspektiven für die persönliche und gesellschaftliche Entwicklung*. Panel-Diskussion auf dem Kongress »Meditation und Wissenschaft 2010« Berlin. http://www.meditation-wissenschaft.org/dokumentation-kongress-2010.html#Praesentationen (20.08.2014).

Shaw, Miranda (2000). *Frauen, Tantra und Buddhismus*. Frankfurt a.M.: Fischer-Taschenbuch-Verlag.

Sielert, Uwe (2005). *Einführung in die Sexualpädagogik*. Weinheim u.a.: Beltz.

Sielert, Uwe (2012). Sexualpädagogik und Sexualerziehung in Theorie und Praxis. In Schmidt, Renate-Berenike (Hrsg.), *Handbuch Sexualpädagogik und sexuelle Bildung* (S. 41–54). Weinheim: Juventa.

Sielert, Uwe & Schmidt, Renate-Berenike (2012a). Einleitung: Eine Profession kommt in die Jahre. In Schmidt, Renate-Berenike (Hrsg.), *Handbuch Sexualpädagogik und sexuelle Bildung* (S. 11–22). Weinheim: Juventa.

Sielert, Uwe & Schmidt, Renate-Berenike (2012b). Körperkontakte in pädagogischen Kontexten. In Schmidt, Renate-Berenike & Schetsche, Michael (Hrsg.), *Körperkontakt. Interdisziplinäre Erkundungen* (S. 141–160). Gießen: Psychosozial-Verlag.

Sigusch, Volkmar (2013). *Sexualitäten. Eine kritische Theorie in 99 Fragmenten*. Frankfurt a.M.: Campus.

Skiera, Ehrenhard (2010). *Reformpädagogik in Geschichte und Gegenwart. Eine kritische Einführung*. München: Oldenbourg.

Skydancing (2014): *Amba Frau*. http://www.skydancingtantra.de/17-0-Amba-Frau.html (21.06.2014).

Sponsel, Rudolf (2014). *Spiritualität. Eine psychologische Untersuchung*. InternetPublikation - General and Integrative Psychotherapy IP-GIPT. Erlangen. http://www.sgipt.org/wisms/gb/spirit0.htm (25.04.2014).

Stockmeyer, Anne-Christin (2004). *Identität und Körper in der (post)modernen Gesellschaft. Zum Stellenwert der Körper/Leib-Thematik in Identitätstheorien*. Marburg: Tectum-Verlag.

Sztenc, Michael (2014). *Sexocorporel – LiebesLeben*. http://www.paartherapie-sb.de/sexocorporel/ (20.08.2014).

Tuider, Elisabeth, Müller, Mario, Timmermanns, Stefan, Bruns-Bachmann, Petra & Koppermann, Carola (2012). *Sexualpädagogik der Vielfalt. Praxismethoden zu Identitäten, Beziehungen, Körper und Prävention für Schule und Jugendarbeit*. Weinheim: Juventa.

Vaitl, Dieter (2010). *Vom Numinosen zur Faktizität. Die Wissenschaft und ihr Untersuchungsgegenstand Meditation und Bewusstsein*. Vortrag bei dem Kongress »Meditation und Wissenschaft 2010« am 26.–27.11.2010 in Berlin. http://www.meditation-wissenschaft.org/images/stories/folien2010/Vaitl_Faktizitaet.pdf (20.08.2014).

Valtl, Karlheinz (1997). *Emanzipatorische Sexualpädagogik: Konsequenzen für Aus- und Fortbildung*. Vortrag bei der Fachtagung »Sexualpädagogik und Sexualwissenschaft: Bestandsaufnahme und Perspektiven für sexualpädagogische Qualifizierungsmaßnahmen« am 12.04.1997, Fachhochschule Merseburg. http://www.isp-dortmund.de/downloadfiles/Emanzipatorische%20Sexualp%E4dagogik%20(Merseburg%201997)%20.pdf (06.06.2014).

Valtl, Karlheinz (2004). Tantra: Vision einer ganzheitlichen Kultur von Sexualität und Anregung zu einer neuen Sexualpädagogik. In Timmermanns, Stefan, Tuider, Elisabeth & Sielert, Uwe (Hrsg.), *Sexualpädagogik weiter denken. Postmoderne Entgrenzungen und pädagogische Orientierungsversuche* (S. 161–197). Weinheim u. a.: Juventa.

Valtl, Karlheinz (2005). *Sexuelle Bildung als long life learning und die Aufgaben der Pädagogik*. Vortrag auf der Fachtagung »Sinnventur« am 11.11.2005 in Freiburg. http://www.isp-dortmund.de/downloadfiles/Hauptvortrag%20Valtl%20SINNVENTUR.pdf (06.06.2014).

Valtl, Karlheinz (2006). *Sexuelle Bildung als neues Paradigma einer lernzentrierten Sexualpädagogik für alle Lebensalter*. Vortrag bei der Fachtagung »Sexuelle Bildung entsteht« am 03.11.2006 in Zürich. http://www.isp-dortmund.de/downloadfiles/Vortrag_Karlheinz_Valtl.pdf (06.06.2014).

Valtl, Karlheinz (2012). Sexuelle Bildung: Neues Paradigma einer Sexualpädagogik für alle Lebensalter. In Schmidt, Renate-Berenike (Hrsg.), *Handbuch Sexualpädagogik und sexuelle Bildung* (S. 125–140). Weinheim: Juventa.

Voigt-Kehlenbeck, Corinna (2012). Sexualität in der Bildungsarbeit mit Frauen. In Schmidt, Renate-Berenike (Hrsg.), *Handbuch Sexualpädagogik und sexuelle Bildung* (S. 344–352). Weinheim: Juventa.

Voigt, Ulla (2012). Das Problem mit der Liebe – Sexualität als Thema an Volkshochschulen. In Schmidt, Renate-Berenike (Hrsg.), *Handbuch Sexualpädagogik und sexuelle Bildung* (S. 628–643). Weinheim: Juventa.

Waldenfels, Hans (Hrsg.). (1987). *Lexikon der Religionen*. Freiburg: Herder.

Wehowski, Andreas (2007). Der Energiebegriff in der Körperpsychotherapie. In Marlock, Gustl & Weiss, Halko (Hrsg.), *Handbuch der Körperpsychotherapie* (S. 152–166). Stuttgart u. a.: Schattauer.

Weller, Konrad (1996). Die List der Lust. Polemisches zu Sexualität und Gesundheit. *Pro Familia Magazin*, 2/1996, 9.

Wendt, Hermann (1979). *Integrative Sexualtherapie. Am Beispiel von Frauen mit Orgasmusstörungen*. München: Pfeiffer.

Wirth, Silvio (2010a). Das Ritual. *Was ist Tantra? – Die Tantra-Tradition*. http://www.tantra-tradition.de/8.html (20.08.2014).

Wirth, Silvio (2010b). Feinkörper. *Was ist Tantra? – Die Tantra-Tradition*. http://www.tantra-tradition.de/4.html (19.08.2014).

Wirth, Silvio (2010c). Geschichte. *Was ist Tantra? – Die Tantra-Tradition*. http://www.tantra-tradition.de/2.html (19.08.2014).

Wirth, Silvio (2010d). Richtungen. *Was ist Tantra? – Die Tantra-Tradition*. http://www.tantra-tradition.de/15.html (20.08.2014).

Wirth, Silvio (2010e). Sexualität. *Was ist Tantra? – Die Tantra-Tradition*. http://www.tantra-tradition.de/12.html (20.08.2014).

Wirth, Silvio (2010f). Was ist Tantra? *Was ist Tantra? – Die Tantra-Tradition*. http://www.tantra-tradition.de/index.html (19.08.2014).

Wirth, Silvio (2010g). Die Chakras. *Was ist Tantra? – Die Tantra-Tradition*. http://www.tantra-tradition.de/17.html (19.08.2014).

Wirth, Silvio (2011). *Integrales Tantra*. Hamburg: Phänomen-Verlag.

Wirth, Silvio (2013a). Sexocorporel. Eine sexualtherapeutische Methode aus dem französischsprachigen Kanada. *Connection Tantra Spezial*, 92, 26–28.

Wirth, Silvio (2013b). Sexocorporel – ein neuer therapeutischer Ansatz. *Tantra Blog*. http://www.tantra-blog.de/sexocorporel/ (13.07.2014).

Wirth, Silvio (o.J.). *Secret of Tantra – Unsere Philosophie – Tantra als spiritueller Weg*. Secret of Tantra-Institut. http://www.secret-of-tantra.de/philosophie.phtml (09.07.2014).

Ziegler, Helmut (2012). *Brüste. Das Buch*. Berlin: Rogner & Bernhard.

Abbildungsnachweise

Abb. 1: *Körperbildung*. Eigene Darstellung.

Abb. 2: *Die sieben Körpersegmente*. Quelle: Wilhelm Reich zitiert nach Baker, Elsworth F. (1980). *Der Mensch in der Falle. Das Dilemma unserer blockierten Energie: Ursachen und Therapie*. München: Kösel-Verlag, S. 84f.

Abb. 3: *Die Erregungsfunktion*. Eigene Darstellung.

Abb. 4: *Die sieben Chakren*. Quelle: © Peter Hermes Furian/Fotolia.com (2015).

Abb. 5: *Der magnetische Stab*. Quelle: Richardson, Diana (2003). *Zeit für Liebe: Sex, Intimität und Ekstase in Beziehungen*. Köln: Innenwelt Verlag, S. 38.

Abb. 6: *Die energetische Kreisbewegung*. Quelle: Richardson, Diana (2003). *Zeit für Liebe: Sex, Intimität und Ekstase in Beziehungen*. Köln: Innenwelt Verlag, S. 40.

Abb. 7: *Akzente der drei ganzheitlichen Ansätze*. Eigene Darstellung.

Abb. 8: *Schwerpunkte in der Körperbildung*. Eigene Darstellung.

Abb. 9: *Gewinn aus den Gemeinsamkeiten und Unterschieden*. Eigene Darstellung.

Torsten Linke

Sexualität und Familie

Möglichkeiten sexueller Bildung im Rahmen erzieherischer Hilfen

2015 · 109 Seiten · Broschur
ISBN 978-3-8379-2468-8

Obwohl sexuelle Themen ein wichtiger Bestandteil der sozialpädagogischen Familienberatung und der Kinder- und Jugendhilfe sind, gibt es nur wenige Veröffentlichungen zum Thema.

Auch in der konkreten Praxis der Sozialen Arbeit sind theoretische Konzepte für sexuelle Bildung und Beratung ungenügend verankert. Dieser Lücke wendet sich der vorliegende Band zu: Ausgehend von der Studie »Partner 4« zu Jugendsexualität liefert er nicht nur allgemeine Anregungen für die Beratungspraxis, sondern unterbreitet auch Vorschläge für Konzepte, die den diversen und komplexen Lebenslagen der Kinder und Jugendlichen Rechnung tragen. Der Fokus liegt dabei auf der Sozialisationsinstanz Familie.

Psychosozial-Verlag

Manuela Tillmanns

Intergeschlechtlichkeit

Impulse für die Beratung

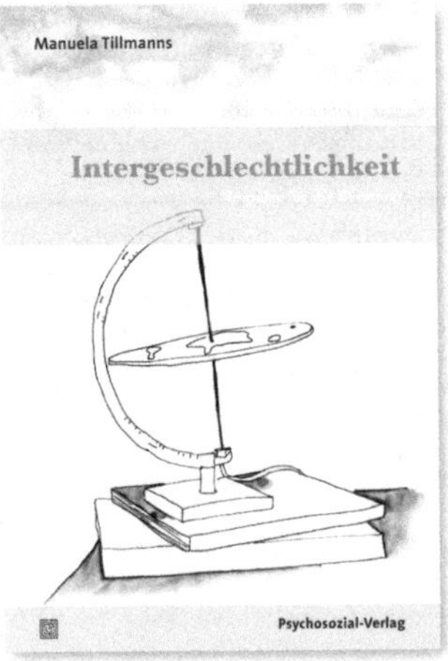

2015 · 145 Seiten · Broschur

ISBN 978-3-8379-2493-0

Menschen, die nicht eindeutig dem männlichen oder weiblichen Geschlecht zugeordnet werden können, sind gesellschaftlichen Stigmatisierungen und medizinisch-psychologischen Pathologisierungen ausgesetzt.

Zentrale Studien im deutschsprachigen Raum bestätigen die Notwendigkeit eines fundamentalen Paradigmenwechsels im gesellschaftlichen Umgang mit Intergeschlechtlichkeit bzw. Intersexualität. Zwar hat die Auseinandersetzung mit dem Thema bereits Einzug in den Bildungsbereich erhalten, jedoch existieren bislang keine Veröffentlichungen zur professionellen Beratung von Inters*.

Mithilfe der Analyse von Selbstdarstellungen und Expert_innen-Interviews werden im vorliegenden Buch konkrete Impulse und Handlungsempfehlungen für eine inter*-spezifische Beratungspraxis erarbeitet. Dabei werden auch bisher bestehende Beratungsansätze und -konzepte aufgegriffen und unter Einbezug von Peers und Selbsthilfegruppen erweitert. So ergeben sich neue methodische Zugänge und Perspektiven, die sich an den Bedürfnissen und Wünschen intergeschlechtlicher Personen orientieren und ihnen Formen der Selbstermächtigung sowie barrierefreie Räume für selbstbestimmtes Agieren eröffnen.

Walltorstr. 10 · 35390 Gießen · Tel. 0641-969978-18 · Fax 0641-969978-19
bestellung@psychosozial-verlag.de · www.psychosozial-verlag.de

Psychosozial-Verlag

Katinka Schweizer, Franziska Brunner,
Susanne Cerwenka, Timo O. Nieder, Peer Briken (Hg.)

Sexualität und Geschlecht

Psychosoziale, kultur- und sexualwissenschaftliche Perspektiven. Eine Festschrift für Hertha Richter-Appelt

November 2014 · 281 Seiten · Broschur
ISBN 978-3-8379-2444-2

»Offene Fragen, Konflikte und Dilemmata werden in den Beiträgen nicht ausgeblendet, sondern hervorgehoben. Theoretische und empirische Grundlagen werden verständlich ausgeführt und die entsprechenden Schlussfolgerungen […] zur beruflichen Praxis gezogen.«

Dr. Rudolf Sanders in Beratung aktuell (1/2015)

Obwohl Sexualität und Geschlecht in unserer Gesellschaft allgegenwärtig sind, führt meist erst die Konfrontation mit Abweichungen von der vermeintlichen Norm zu einer ernsthaften Auseinandersetzung mit diesen Themen. Die Sexualforscherin und Psychoanalytikerin Hertha Richter-Appelt, der dieser Band gewidmet ist, hat sich in Therapie und Forschung mit vielfältigen Formen menschlicher Geschlechtlichkeit auseinandergesetzt.

Anlässlich ihres 65. Geburtstags beleuchten ihre Wegbegleiter_innen Sexualität und Geschlecht aus unterschiedlichen Blickwinkeln und beziehen sich unter anderem auf Religion, Politik, Körper, Identität, Partnerschaft und deutsche Geschichte. Diese vielseitige Sammlung regt einen Diskurs zwischen kritischer Sexualwissenschaft, Psychoanalyse, Medizin, Psychologie, Selbsthilfe, Rechts-, Kultur- und Sozialwissenschaften an und möchte Kundige wie Interessierte für die Vielfalt von Sexualität und Geschlecht begeistern.

Mit Beiträgen von Inga Becker, Christina von Braun, Peer Briken, Franziska Brunner, Susanne Cerwenka, Martin Dannecker, Arne Dekker, Annika Flöter, Harald J. Freyberger, Beatrix Gromus, Christina Handford, Vivian Jückstock, Uwe Koch, Susanne Krege, Silja Matthiesen, Birgit Möller, Timo O. Nieder, Karl-Josef Pazzini, Friedemann Pfäfflin, Konstanze Plett, Wilhelm F. Preuss, Ilka Quindeau, Rainer Richter, Katinka Schweizer, Volkmar Sigusch, Bernhard Strauß, Lucie G. Veith

Katharina Gröning, Anne-Christin Kunstmann, Cornelia Neumann (Hg)

Geschlechtersensible Beratung

Traditionslinien und praktische Ansätze

2015 · 433 Seiten · Broschur
ISBN 978-3-8379-2435-0

Die Dimension Geschlecht findet in Theorien zu pädagogischer und psychologischer Beratung sowie in Supervision und Coaching bisher kaum systematische Berücksichtigung.

Trotz dieser Forschungslücken zeigt sich in der Praxis, dass sich in verschiedenen Beratungsfeldern wichtige geschlechtersensible Beratungsansätze und -konzepte herausgebildet haben.

Die vorliegende Publikation richtet den Fokus sowohl auf den beratungswissenschaftlichen Diskurs als auch auf den der Geschlechterforschung. Die Beiträge beschäftigen sich mit geschlechterreflexiven Beratungsansätzen und vertiefen die Themenschwerpunkte Familie, Beruf, Gewalt und Gesundheit. Die Beiträgerinnen und Beiträger eröffnen Einblicke in die Beratungspraxis und machen auf offene Fragen aufmerksam.

Mit Beiträgen von Miriam Bredemann, Annelinde Eggert-Schmid Noerr, Christiane Ernst, Heike Friesel-Wark, Sandra Glammeier, Katharina Gröning, Roland Hertel, Claudia Hornberg, Kerstin Hupka, Ursula Keiper, Manuela Kleine, Anne-Christin Kunstmann, Barbara Möhrke, Cornelia Neumann, Elisabeth Rohr, Vanessa Rumpold, Silja Samerski, Bianca Schaub, Anna Stach und Gerd Tomaschautzky

Psychosozial-Verlag

Gunter Schmidt

Das neue Der Die Das

Über die Modernisierung des Sexuellen

Aktualisierte Neuauflage

4. überarbeitete Auflage 2014
153 Seiten · Broschur
ISBN 978-3-8379-2325-4

»Schmidt beschäftigt sich mit Metrosexualität, Transsexualität, Perversionen und dem Sexualtrieb als solchem. Und immer bleibt beim Leser das Gefühl zurück, dass alle noch so gravierend erscheinenden Veränderungen zu einem ehrlicheren und liberaleren Umgang mit Sexualität führen. Ein wichtiges und gutes Buch!«

Oliver Unbehend, abenteuerwissen.zdf.de

Sexualität unterliegt einem ständigen Wandel, im öffentlichen wie im privaten Raum. Wie wirkt der sexuelle Wandel auf unser Leben und Zusammenleben? Was verändert er? Wie lässt sich »moderne Sexualität« überhaupt definieren? Gunter Schmidt greift diese Fragen auf und entwickelt ein breites Verständnis für die Herausbildung heutiger Varianten der Sexualität. Lebendig und mit großer Fachkenntnis berichtet der Autor über moralische, partnerschaftliche und familiäre Revolutionen, über unseren Abschied vom Trieb, die Veränderungen der Jugendsexualität und unser starres Bild von Homo- und Heterosexualität, kurz: über eine Thematik, die jeden Menschen in seiner Lebensweise betrifft und prägt.

Walltorstr. 10 · 35390 Gießen · Tel. 0641-969978-18 · Fax 0641-969978-19
bestellung@psychosozial-verlag.de · www.psychosozial-verlag.de